# सुनयना

## डॉ. हिरन दास महार

# सुनयना

डॉ हिरन दास महार

# अनुक्रमणिका


प्रस्तावना .................................................... 15

प्राक्कथन ................................................... 17

1 शिवात्मा सत्नरायन ................................. 19

2 सॉंग ऑफ विण्ड.................................... 20

3 शौक .................................................. 22

4 श्रीगुरूकबीर जयंती ................................. 23

5 सर्वेचना ............................................. 25

6 विज्ञान की बात.................................... 26

7 देवी नचनिया ....................................... 28

8 राम ओर कान्हा .................................... 29

9 महात्मा .............................................. 30

10 धूमावती ............................................ 31

11 चौकाआरती ......................................... 32

12 बाबा काल भैरों नाथ ............................. 33

13 जलसंकट ........................................... 34

14 टीवी न्यूज ........................................ 35

15 मोबाइल ............................................ 36

16 एनवायरनमेंट डे ................................... 37

17 अंबे माई ........................................... 38

18 जय हिडिम्बा ...................................... 39

19 संस्कृतलेखन ...................................... 40

20 शैतान .............................................. 41

21 अंदाज जिन्दगी का ............................... 42

22 बीबी ................................................ 43

23 पवित्रता ........................................... 44

24 मैजिक .............................................. 45

25 कान्हा .............................................. 46

26 नो प्रौबलम ........................................ 47

27 कान्हाजी ........................................... 49

28 अच्छा-ख़राब .................................................... 50

29 धर्मनीति ........................................................ 51

30 आराम ........................................................... 52

31 जे भैरों महाकाल ................................................. 54

32 कबीर जयंती .................................................... 55

33 मिलावट ........................................................ 56

34 शांति ............................................................ 57

35 नन्हैं दीप ......................................................... 58

36 कुढ़न ........................................................... 59

37 पेड़ मत काटिऐ ................................................. 60

38 ओस्ताज ........................................................ 61

39 भूतनी ........................................................... 62

40 खातेगांव ........................................................ 63

41 ममाब्रदर ........................................................ 64

42 नकली .......................................................... 65

43 खतरा ........................................................... 66

44 महारानी ........................................................ 67

45 फूल ............................................................. 68

46 अप्सरा .......................................................... 69

47 स्वागतम ........................................................ 70

48 खूसट ........................................................... 71

49 छात्र ............................................................. 72

50 छोटा सा दिल .................................................. 73

51 नूकसान ......................................................... 74

52 ग्रहण ............................................................ 75

53 उड़ान ........................................................... 76

54 गुरूजी .......................................................... 77

55 दीयावाली ....................................................... 78

56 उज्जैन ........................................................... 79

57 सुवर्ण रेखा ...................................................... 80

58 केसे हो ? ....................................................... 81

59 सावँली .......................................................... 82

60 मनोरोग ......................................................... 83

61 रसखान ......................................................... 84

62 दिल फेकन ...................................................... 85

63 आदमी .......................................................... 86

64 गूगल ........................................................................ 87
65 शियानिन सिधार गै ................................................. 88
66 उल्टी हिन्दी ............................................................. 89
67 श्रीताणडवजी ........................................................... 90
68 साधू ...................................................................... 91
69 साईन्स ................................................................... 92
70 नाज ...................................................................... 93
71 गरीब ..................................................................... 94
72 मोहन ..................................................................... 95
73 लेदरी .................................................................... 96
74 ईमानदारी ............................................................... 97
75 क्या देखे ? .............................................................. 98
76 प्राईज .................................................................... 99
77 खीचातानी ............................................................ 100
78 नौ दुर्गा ................................................................ 101
79 ईकोनोमी .............................................................. 102
80 मिया बीबी ............................................................ 103
81 मोह ..................................................................... 104
82 बिदाई .................................................................. 105
83 अर्थ ..................................................................... 106
84 बेवकूफी ............................................................... 107
85 ॐनमो ................................................................. 108
86 शेर ...................................................................... 109
87 महाकाल ............................................................... 110
88 ईनाम ................................................................... 111
89 की भालो ? ........................................................... 112
90 ऊम्मीद ................................................................ 113
91 गोरैया .................................................................. 114
92 सीखो ................................................................... 115
93 बाटनी .................................................................. 116
94 माया .................................................................... 117
95 सुन्दरी ................................................................. 118
96 बहाना .................................................................. 119
97 खिलाफत .............................................................. 120
98 नुकताचीनी ............................................................ 122
99 क्या फायदा ........................................................... 123

100 आगे देख ........................................ 124

101 सेवा से मेवा ................................... 125

102 सरल पूजा ..................................... 126

103 नजर ............................................ 127

104 जोश मे होश .................................. 128

105 म्यूजिक डे ..................................... 129

106 सलाह .......................................... 130

107 सुर्ताल .......................................... 131

108 शितार .......................................... 132

109 माई काली ..................................... 133

110 कपट ........................................... 134

111 जे महाकाल .................................. 135

112 साईन्स भवन ................................. 136

113 दिल ............................................ 137

114 पढो ............................................ 138

115 शनि देव ...................................... 139

116 भौतिकी ....................................... 140

117 शाकी .......................................... 141

118 सत्यनारायन ................................. 142

119 जलन ......................................... 143

120 मूर्ती ........................................... 144

121 कोरोना ........................................ 145

122 लॉज ........................................... 146

123 जलवा ......................................... 147

124 राम मंत्र ....................................... 148

125 नफरत ........................................ 149

126 अपना कुछ नही .............................. 150

127 साहेब बंदगी ................................. 151

128 नारी सक्ती ................................... 152

129 भजन .......................................... 153

130 काम .......................................... 154

131 बोझा .......................................... 155

132 प्रशंसक ....................................... 156

133 श्री गणैशजी ................................. 157

134 जानेजा ....................................... 158

135 गूरू ........................................... 159

| | | |
|---|---|---|
| 136 | पित्र दिवस | 160 |
| 137 | कूडबी | 161 |
| 138 | मेहनत | 162 |
| 139 | चर्च | 163 |
| 140 | पुकार | 164 |
| 141 | जलवा | 166 |
| 142 | धोती | 167 |
| 143 | कोयल | 168 |
| 144 | बिस्वास | 169 |
| 145 | गलत | 170 |
| 146 | सहूँर | 171 |
| 147 | फेसबुक | 172 |
| 148 | विशेषण | 173 |
| 149 | पवित्र | 174 |
| 150 | बूद्धिबिसारद | 175 |
| 151 | दियावाली | 177 |
| 152 | वृक्ष | 178 |
| 153 | बँदरिया | 179 |
| 154 | जनता | 180 |
| 155 | गोपाल | 181 |
| 156 | मेवा | 182 |
| 157 | त्रिदेव | 183 |
| 158 | ईश्कबाज | 184 |
| 159 | भाग्य | 185 |
| 160 | काल | 186 |
| 161 | किताब | 187 |
| 162 | मित्र | 188 |
| 163 | ज्ञान | 189 |
| 164 | दक्षिणा | 190 |
| 165 | सूखी रोटी | 191 |
| 166 | पद्मादेवी | 192 |
| 167 | करम | 193 |
| 168 | कपाल | 194 |
| 169 | धरती | 195 |
| 170 | श्रीराधा | 196 |
| 171 | रीलीफ | 197 |

172 तंत्र पूजा ........................................................ 198
173 संस्कृत ........................................................ 199
174 सर्वेचना ........................................................ 200
175 आदिवासी ........................................................ 201
176 सावन-सोमवार ........................................................ 202
177 महामाया ........................................................ 203
178 श्रीबालाजी ........................................................ 204
179 बिन्दास ........................................................ 205
180 हिरणी ........................................................ 206
181 हसीन ........................................................ 207
182 नागपंचमी ........................................................ 208
183 लक्ष्मी ........................................................ 209
184 व्यग्र मन ........................................................ 210
185 सारंग पानी ........................................................ 211
186 मातुल ........................................................ 212
187 हैलेन ........................................................ 213
188 माया ........................................................ 214
189 पीपल ........................................................ 215
190 जांगरचोरी ........................................................ 216
191 बिहारी ........................................................ 217
192 मूक्त छंद ........................................................ 218
193 योग ........................................................ 219
194 छात्र ........................................................ 220
195 गुप्तनवरात्रि ........................................................ 221
196 कुरुक्षेत्र ........................................................ 222
197 भोलेनाथ ........................................................ 223
198 गूगलगूरू ........................................................ 224
199 कविता ........................................................ 225
200 जिन्दगी ........................................................ 226
201 पढ़ो ........................................................ 227
202 घनश्याम ........................................................ 228
203 टाईम पास ........................................................ 229
204 चमचा ........................................................ 230
205 बनावट ........................................................ 231
206 ब्र. साधू सौमर्श ........................................................ 232
207 कामाख्या ........................................................ 233

208 दक्षिणा ............................ 234
209 माता-पिता ....................... 235
210 ऑस्ताज ........................... 236
211 छंन्द ................................ 237
212 शंकर भगवान ................... 238
213 छप्पन छूरी ...................... 239
214 पाखण्ड ........................... 241
215 श्री कृष्णं ......................... 242
216 शिद्धि दात्री ..................... 243
217 मानव ............................. 244
218 गफलत ........................... 245
219 झुकना पड़ा ..................... 246
220 चीनी सफर ...................... 247
221 सुखी ............................... 248
222 ना जाने .......................... 249
223 जाता है ........................... 250
224 बढ़े ................................. 251
225 मनोरथ ........................... 252
226 दिवाली ........................... 253
227 स्वागतं ........................... 254
228 रूखसती .......................... 255
229 परिन्दा ........................... 256
230 दोहे ................................ 257
231 बदनामी .......................... 258
232 ज्यौतिषीजी ..................... 259
233 हिसाब ............................ 260
234 प्राकृति की पुकार ............. 261
235 बेरुखी ............................. 262
236 गलतफहमी: ..................... 263
237 गद्दारी ............................ 264
238 वतन परस्ती ..................... 265
239 नई सदी ........................... 266
240 चाहिए ............................. 267
241 बेवफाई ........................... 268
242 रोनी सूरत ........................ 269
243 मोहब्बत ........................... 270

| | | |
|---|---|---|
| 244 | सफर | 271 |
| 245 | जाम | 272 |
| 246 | गधे | 273 |
| 247 | सनम का याद | 274 |
| 248 | घूँस (छं.) | 275 |
| 249 | हवाई सफर | 276 |
| 250 | बदलती दुनिया | 278 |
| 251 | विज्ञान | 279 |
| 252 | लोभ | 280 |
| 253 | वर्षा छं. | 281 |
| 254 | बैर | 282 |
| 255 | वायु प्रदुषण | 283 |
| 256 | सर्प का दंभ | 284 |
| 257 | सखा | 285 |
| 258 | कान्हा | 286 |
| 259 | उल्टा | 287 |
| 260 | मैहर | 288 |
| 261 | बाधा | 289 |
| 262 | अनर्थ | 290 |
| 263 | कोयल | 292 |
| 264 | वकील | 293 |
| 265 | कॉपी जँचाय | 294 |
| 266 | पित्र दिवस | 295 |
| 267 | चित्तूराम | 296 |
| 268 | अंग्रैजी | 297 |
| 269 | झूठ | 298 |
| 270 | सावँरिया | 299 |
| 271 | धूमावती | 300 |
| 272 | टीवी न्यूज | 301 |
| 273 | मोबाइल | 302 |
| 274 | पर्यावरण दिवस | 303 |
| 275 | जे काली | 304 |
| 276 | हिडिम्बा | 305 |
| 277 | नचत श्याम | 306 |
| 278 | वर दान | 307 |
| 279 | तालाक | 308 |

280 तन्त्र ............................................................. 309
281 ड्राइविंग ....................................................... 310
282 उड़ान ........................................................... 311
283 हरी- हर ........................................................ 312
284 बंदगी ........................................................... 313
285 जलन ........................................................... 314
286 ब्रादर जेक शौमर्स .......................................... 315
287 पंगा ............................................................. 316
288 सुनयना ....................................................... 317
289 श्री यादौसर .................................................. 318
290 फेसबुक ........................................................ 319
291 वीणापाणी भवन ............................................. 320
292 तिरीया चरीत्र ................................................ 321
293 दही चोर ...................................................... 322
294 सिम्बा .......................................................... 323
295 ऊद्बीग्न मन ................................................... 324
296 सनातन ........................................................ 325
297 रामायण ....................................................... 326
298 दर्द .............................................................. 327
299 तोहफा ......................................................... 328
300 जेक शौमर्स ................................................... 329
301 बंगाली माता .................................................. 330
302 ठाकूरदेव ...................................................... 331
303 हिप्पी फुर्रैं ..................................................... 332
304 यौनीपूजा ...................................................... 333
305 दूधनाथ ........................................................ 335
306 सूदर्शन ......................................................... 336
307 मिलावट ....................................................... 337
308 बिगाड़ .......................................................... 338
309 ईश्क ............................................................ 339
310 पशुपति नाथ .................................................. 340
311 गूढ़ता .......................................................... 342
312 ब्रदर सोमर्स ................................................... 343
313 अमीन .......................................................... 345
314 देवी ............................................................. 346
315 सगुन ........................................................... 347

316 हिन्दी ........................................................... 348
317 कामना .......................................................... 350
318 आदिवासीदिन ................................................ 352
319 तासीर .......................................................... 353
320 प्राकृति ......................................................... 354
321 विचार .......................................................... 356
322 छुट्टी ............................................................ 357
323 विद्या ........................................................... 358
324 ठाकूर बाबा .................................................. 360
325 कार्य ........................................................... 362
326 विडियो ........................................................ 363
327 दोहे ............................................................. 364
328 वर्षा ............................................................. 366
329 छींटा कसी .................................................... 367
330 बहाना .......................................................... 368
331 ज्योतावाली .................................................. 369
332 लोकप्रियता ................................................... 370
333 पितृमोक्ष ...................................................... 371
334 छिप्रा नदी ..................................................... 372
335 बगिया ......................................................... 373
336 विश्वास ........................................................ 374
337 मौसम .......................................................... 376
338 कविता संग्रह ................................................ 377
339 ऐलियन ........................................................ 378
340 सुन्दरी ......................................................... 379
341 बद मिजाज .................................................... 380
342 कमला ......................................................... 381
343 शुभ तिथि ..................................................... 382
344 कैमारा भैली .................................................. 383
345 गुफा ............................................................ 384
346 छलछिद्रा ...................................................... 385
347 एन्जिल ........................................................ 386
348 दर्शन ........................................................... 388
349 उपसंहार ...................................................... 389

# प्रस्तावना

प्रिय पाठको | 'सुनयना' हिन्दी कविता पुस्तक !

होगा ज्ञानवर्धक रूचिकर ओर मनोरंजक ||

ईस विश्वासके साथ है प्रस्तावना प्रस्तुत ||

सर्वप्रथम लिखा जीवविज्ञान जेवविद्यूत ||

फिर अंग्रैजी कविता किताब ए.यम.डी.जी सोनट सान्ग ||

फिर पुस्तक पधारी मेरी संस्कृत सुमन ||

तब लगा मुझे हिन्दी मे चाहिऐ कविता लेखन ||

सुनयना दृष्टिकोण है नजरिया है ओर पूजा पाकृत सनातन ||

मेरी निजी अभिव्यक्ति है किसी का भी ईस पूस्तक से नही है
कोई सम्बंध |

न ही है कोई योगदान ना ही है किसी को मी कोई भी निर्देशन||

मे हृदय से प्रकाशक जी का आभारी हूँ

जो हूँबहूँ मेरी पाण्डुलिपि को किऐ प्रकासन ||

मात्रा त्रूटि स्वाभाविक है क्योकि पढ़ता हूँ विज्ञान ||

अतः आपके सुझाव ओर मार्गदर्सन का सदेव है सम्मान ||

आशा है आप लोग करेन्गै पठन पाठन |

धन्यवाद ! आपका हिरन ||

# प्राक्कथन

सुनयना मेरी हिन्दी कविता है मेरी निजी विचार ||

ईसके किसी से भी कोई भी नही है संबंध सरोकार ||

देवानागरी लिपि मे है कुछ अंग्रैजी ओर उर्दू बिचार ||

कुछ कबीरी उलटबासी है गंभीर कठिन अपरम्पार ||

अतः पूर्वआलोचना मुझसे करना होगा पत्राचार ||

बिना मेरी अथवा प्रकाशक के अनुमति के नही कर सकते कापियर ||

अतः निवेदन है कि शुद्ध मन से अल्हाद से पढिऐ होय आनंन्दित संसार ||

इसी आशा ओर विश्वाससे..

आपका हिरन दास महार ||

# 1 शिवात्मा सत्नरायन

जो बनी आओ सहज मे || तो जल्दी बन जाओ बनज मे ||

बन जाऐ काम बनाऐ से | पट जाऐ श्याम गुणगाऐ से ||

चित्तूराम लगा चित्त को मगज से ||

ॐ देत्यागुरु वाई नमस्ते || श्रीशूक्राचार नासमझते ||

ऐ मूरख बनिया, कान्हा मत बेच ||

पहिले जाके पूजा शीखौ ||

कोसमनारा के शिवात्मा श्री सत्नरायन से ||

भागी हुई भूतनी का भभूत ही काफी है ||

तबियत से करो तनतर्र बेदर से झांकी है ||

# 2 सॉग ऑफ विण्ड

ऐएमडीजी द गाड आफ सूप्रीम टाइम इज ईस्ट -नार्दर्न
डाईरेक्सन॥

सीटूऐटिड्॰ग यू द गाड ऑफ कंम्पलीशन ॥

द रीवर, लूना, डंबल, ट्राडेन्ट ओरनामेनटेड

स्नैक सूप्रीम सिम्लेस्ट गॉड ऑफ डेथ ॥ नाट ऐलाट टू टाईम
देट॥

लभ लाईफ लाईन कुड ईम परफेक्ट | ईफ नो ऐक्स देन ओके ।
एक्सचैन्ज विद ऐक्समस इज श्यौर करेक्ट ॥

ह्वाई टू थाट ऐ शार्ट ऑफ देट ॥

मलटी वरमिलिया मार्क्स विद ऐन ऐन्टी प्वाईण्ट स्प‌ॉट ब्लैक !!!

यौर माईण्ड ईज ऑनली यौर ऐण्ड यौर टाईम ईज ऑनली यौर ॥

रेस्ट यू आर फ्री रेफ्री टू प्रेज,

वर्क ऑर रेस्ट टू वेस्ट दीज बोथ डाइमॉण्ड ज्वैलरी ॥

ऐल्लार्ट अटेन्शन काशन दिस ट्रान्जीशन टाईम सेस मिशनरी ॥

द म्यूजिक ऑफ रीभर, ऐण्ड सँ‌ग ऑफ विण्ड ॥

द डान्स ऑफ श्रब्स, देन रेन्श सँ‌ग्स सिड्॰ग ॥

(रिमझिम मीन्स ड्रीजलिड्॰ग दिलजॅलिड्॰ग...')'

सी वी टूडे मौर अवे फ्राम फॅ‌रेस्टिड्॰ग ॥

ईन जंगल ईफ्फ नौ कॅ|टेज, केन बी प्रॅ|ब्लिमेटिक ॥

इफ नॉ|ट ट्रैण्ड जियौग्रफिक ॥॥

सेकेण्डाली डोन्ट बाथ ऐट एनी रीवर ईन पिकनिक ॥

बीवार टू ईभन माऊथ वाश |

कूड बी वाटर टॉक्सिक | हैव ईन दाइम बेगैज दीज ॥

# 3 शौक

किसी जमाने में बड़ा शौक था पैपर में आने का ।

अब शौक चढ़ा है कुछ ईनाम शीनाम पाने का ॥

यूरो सूरो डालर वालर है कुछ श्रीदेवीजी ? जरा जल्दी जल्दी करी?

इयू कूपीड डू हरीॐहरी क्या लेट लतीफी लगाने का ?

गणित है वक्त का मगर वक्त नही भुलाने का ॥

हःहःहः मम पालित सिम्बा धवल स्वानः ।

चरति स्वयं राज़स्सुतः यथः ॥

क्रीड़म्कृत्वा तिष्ठति सुआसने गर्वसः ॥

जगस्य मान्यता कद्दापि मा मन : ।

# 4 श्रीगुरूकबीर जयंती

श्रीगुरूकबीरंजन्मौत्सौपरान्त् अद्य श्रीसौमवासरे

डेढ़दसंदिनाड़॰के द्विसहस्तत्र द्विविसंमेस्वी, श्रीगणेशः वरषःशुभं शुभं,

अषाढस्य प्रथम दिवसे पूर्वैं आवाहयत् श्रीईन्द्राणिये नमः मेघाय नमः

ॐखंनमं ॐक्नमं ॐश्रीसरवं नमस्कृत्वा श्रीधराभुवनैश्वरीनमः ||

अवश्यमेवं विग्याने रूचिहानीवारियं ||

सूत्रहिदवा प्रदाता महाकवि कालीदास जयंती दिवसं

सर्वत्रमहोत्सवा:भवं भवानी सहितं नमामी|

ततः बोधामि किमपि मम मन्दिराहा मातृस्चगूरूनि

समंसमं संतिम्संतिम् भवंन्ती वयं ||

किम्कबीरीमेदं अशान्तैनिवार्यं ते गुरूबंदनं ||

साहेब कबीर जयंती की आत्मीय बधाई||

संत भऐ भगवंत, ऐ रसखान के नं. ऐक ||

दोनों बाबा हँसि रहै || नयनदास बंद कर देख ||

"ना देखो ऐसे झुका के पलके' कि नियत हमारी बदल रही है ||

तुम्हारी नजरो मे हमने देखा . अजब सी चाहत झलक रही है ||

साहेब के ऐक पक्का चेलाश्री धरम दास ||

जलते थे सगले पंडित, साहेब भी दे रठ रठ ॥

इस संसार मे सज्जन होना बडी समस्या है ॥

ओर सरल होना तो ओरे कठिन तपस्या है ॥

ना गोपालिन ना सोपालिन ना पट ना सट ॥

सूध जान संका सब काहूँ ॥बक्र चन्द्रमा ग्रसे न राहूँ ॥

जमाना है खराब ! सधुवाईन है पर गुरू चाही सफाचट ॥

अपनी शान्ताक्लाज स्टाई नॅट ॥

# 5 सर्वेचना

सिया राम जे जे सिया राम ॥

श्रीबजरंगबली सः सर्वेचना पूजिते दंपति सुखी भवताम् ॥

सूर्यसुताय सर्वेचना रामभक्तस्य बामाङ्०गैति शुसोभिताम् ॥

पुनर्पुनर् बंदितं भजावयः जयश्रीराम् ॥

फिक्स टूरी, या तो पोऐटरी करो, या तो प.ढो फिजिक्स ॥

ऐक संग नही होऐ भूआल्ला, मेथ्स ऐण्ड शिविक्स ॥

# 6 विज्ञान की बात

ऐक दूसरे का प्लान का केवल करो फेल ||

चाहै दूनिया हो जाय श्रीभोली के नन्दी बेल ||

साईन्स तभी होता सफल जब एक दूजे के सहयोग |

ऐक ऊपगृह बनाने जूटे स्पैश डॉ. पाच सौ लोग ||

काहै छुट्टी कराते ? मेरा केला पौधा मुरझाते !!

सब को मजा आ रहा है भैकेसन से ||

अपना ओठताता, ताता पानी ठंडवाते ||

वट पीपल तुलसी साजा साल कदंबा नीम ||

ईण्डीयान ओरीजॅ|न, बट नाट यूकेलीपटीस ||

अति विचित्र काला कान्हा के करणी ||

संस्कृत नही पढ़ाते, साइन्स को तापरणी ||

मे बोला रॉग तो मुझे सही बताकर, मुझे गलत सिद्ध करणी?

नो साहिब ! ना हम जानेगें ना मानेगें, हमे केवल है फेल करणी?

ईण्डीया के बाहर, घूमेगा बनके बुद्ध ||

12 मे से ऐक नापता सिम्पल प्रजेण्ट बाणी ||

12 वी तक क्या पढाया अंग्रेजी नकल करणी ||

ऑन ए साईड ईन्गलिस ईन प्राईमरी ||

आन अन्नूदर टॅ|प साईन्स, हिन्दी बाऊण्ड्री ||

विज्ञान विज्ञान होता है बिलकुल भी कोई जज्बात नही ||

अगर प्यार है अगर नफरत है या कोई रसछंदालंकार्हे |

तो वह विज्ञान की बात नही ||

साच कहै तो मारन धावे झूठो जग पतियाय ||

कहै कबीर सुनो भई साधे जगत गयौ बोराय ||

# 7 देवी नचनिया

देवी नचनिया हो.......... ओ |

नाचै झमाझम कंम्मरिया लचकाय ||

ओ' पार बरोरि बसि जाय ||

हमरी साँवरिया हो.. ..... ओ |

मारे नजरिया ता दिलवा के पार होई जाय ||

ओ मेंना मिला के मुस्काय |||

श्रीकृष्णा कन्हाईया हो.... ओ |

.बंसी बजाऐ तो दुनिया ईसकान होई जाय ||

कन्हैया दिल मे बसाय....!!

तेरे याद मे कन्हयिया, बरबाआद हो रहे हैन् |

ना खूब खा रहे हैन् न खूब सौ रहै रहै ||

ना काम ना पढाई सब साधू हो रहै है ||

बाके भी बेवफा भी बिहारी भी हो लेकिन ||

गिरीधर तू जादूगर है, तेरा जादू हो रहै है ||

काल भी काला भी घन श्याय भी का लूटा ?

दही चोर है लूटेरा तो भूत हो रहै है ||

# 8 राम ओर कान्हा

डेल्टा राम ऐण्ड कान्हा |

पंडितजी के कहै, ले रामा मारे बाना ||

ये पंडितजी को छोड़ के, खोजे रसखाना ||

जंगल मे हाथी से जादा मनखे से डरा ||

चैन्द्रा मे लोऊके बेन्द्रा ओर, जड़ीबूटी केन्द्रा ||

पूज्य गोस्वामी'जी के' बाटनी है!!

बनदेवी वनदेव उदारा ...करिहै सास ससुर सम सारा....!!

पितु बन देवमातु बन देवी..सो सब भाति तात तुम्ह सेवी...!!

ऐकं तः एकं मन्तरं फेकन अर्थात् ऊपदेशं ||

गोधूलि बेलं अवश्यमेव पठनं || कं आवाहयंन्ती गो, विद्यंमस्च बंशीवादकं ||

शैषं सरवेसं सत्यं सत्यं कथन्ति ते महादेवी जगबंदितं ||

निद्राभोजंभोगं च सयनं सर्वथा वर्जनीयं ||

परः विद्या आगच्छन्ती बोधीशी चूल्हंफुकन्ती ||

पठति पठितः पठंति सर्वदा शुभंलाभं भवन्ती ||

बालिका रूपिणी प्रेमवती श्री कृष्णं नयनौ कज्जलंती!!

(ब्यायाम समयं इदं भवं भवंतिन )

# 9 महात्मा

ऐकं महात्मा भगतेवेसं कथति सद्गुरू कबीरह् श्रीरामात् पूर्वैं अभवति" ||

प्रेमं मिथ्या कदापि नौचितं ||

सप्तस्य कछे हिन्दी पाठ्यं ततः नीरू-नीमा नामनै

दंपती सुतं साहैबह् भवंती वयं नमः बंदगी ||

सत्यं वद धरमं चर सचराचर चरंन्ती ||

संति संती संन्ति सयनंन्ति शुभं नमः रात्रिहि !!!

ऐक साधू बइठै है अनशन | तो फेस बुक मे है डाले कोई सज्जन||

तबीयत बिगड़ रहा है || फेस बुक का करे ?

ओर कि वे बाबा को आस्वासन |

समझाबुझा के पारण करवामें की महती किरपा करे ||

# 10 धूमावती

वती = से पूर्ण || धूमा = धूको थ्योरी |

पहली बार है, तो ओर गुड, भविष्य मे कोई सुधारेगा ||

मे जब नापा तो ऊतना मिला था || या मे जब पढ़| तो ओ पौधा था.

पालुशन बढ़ गे ओर पौधा को हाथी खालिया | तो मे क्या करूं ?

ॐ नमस्ते कोटेश्वरी देवी महाकामा स्वरूपिणी ||

श्रीमां धूमावती महाविद्या विद्या देही शिवप्रिया ||

बेतूल वाशिनी देवी जयंती ज्यैष्ठा सारंग वाहिनी ||

नासौ वासौ श्वासौ विध्वह् सुमनं सूर्प अंबिका ||

# 11 चौकाआरती

चौकाआरती गूरू साहिब कबीर ! यज्ञ गुरू गायत्री के आचार्य गुरु कर्म गुरूमेरे प्रौ सर, साईन्स गुरु ब्र.सर ॥

पूजागुरूब्राह्यण ब्राह्यण गूरू संन्यासी, संन्यासी गूरू अग्निदेवता|

अग्नीगूरू बृहस्पति ऐवं बृहस्पती गुरु शिव शंभू स्वयंभू ॐनमःशिवाय ॥

मम श्री.गुरूम शंकर समं ।

महारौद्राह तः हँसितं विनौदे सखासे ॐनमःमहाकालाय ॥।

देव्वानी3....!!! ॐभवानी 108!!!

तवा कृपया पश्य-पश्य मेघाच्छादनं यथा श्रीगूरूकृपा ॥

त्रीयाश्या श्रीमुखे बशशि श्रीश्यामहःहः पद्मनैत्रौ श्रीलं लछम्मी बसिशी सदा ॥

ॐलं लं तं कृपा प्रसादं षौइसौलाइ॰कारं प्रदा ॥

ॐलंलक्ष्मी मम मातं बंदन 108!!!

जयंती जयंती नौदूरगा दशविद्या सरवत्रं सर्वदा ॥ ॐक्लीम् सः ॥

# 12 बाबा काल भैरों नाथ

मम सिम्बा वाहकः बाबा काल भैरों नाथः |

पिबसि मद्यं टनाटनम् - छिप्रा सरिता तटः |

कथसि मंदहसितं ::" किम्चिन्तितं भ्रमणसि वत्सः ?

आहमास्मि तस्य शुभं कर्ता प्रीयते सततः वयं अतः ||"

"ऐवमस्तु मं जगतपितं त्वं नमस्ते सदा ॐ महाकालाय नमः"||

भगतस्य प्रीते संदेहं भक्तिम् || परन्तू देवस्य प्रीते ध्रूवं भक्तः ||

ततः श्री संभू संभवसि शिद्धः ||

# 13 जलसंकट

ग्रीष्म ऋतुवे पशुन्खगं जल संकटं तृषितं विचरंति उड्डंतिस्च ॥

खगार्थ जल पात्रं भरनीयं यथा संभव अन्नकणं च विकीर्णम् कर्तब्यं ॥

वनै वयं किन्चितापि न कुरु सकंति ॥

यथा वारिन्यूमैं अधः मकरं, ऊपरि केहरि, हा !

मृगा-शावकाहा स्थिति भयावहः ॥

सर्वे विलोकति ॐश्रीम् ह्रीम् पसुमनाम पतिम यः ॥

ऊद्बीग्न मन : जिन्ही परमप्रिय खिन्न !!

नो नो रशौ वे सह् आनंदं कंदं प्रियं भिन्न ॥

माल पुआ स्वाहा देउता हो जाऐ जिन्न ॥

पाली तीन मे हरी बरषाऐ. सौना हीरा रातो दिन ॥

# 14 टीवी न्यूज

महादायी के दया से हम भी टीवी न्यूज ||

बनै तनै जउनै, पै, दूज के चंदा पूज ||

नहि तो ब्याकरण बुक, बस्ता मे लो साथ ||

साहेब बता आरसी क्या है, कंगना के हाथ ||

नाजा-नाजा शेष नाग साप जगत के शेर |

दूर से 'सौन् - सौ "फुफूकारे कि सावधान नो बेर ||

गहरी निन्दिया मे बिस्तर घुसे, चोट्टी सांप करैत ||

चार घंटा पै कलथी तो क्काटी फेर दस मिनट मे प्रेत ||

# 15 मोबाइल

ऐ दिल को छुपाओ, भेजा को दिखाओ ॥

जायज है सब, नीव खोदो, ताज बनाओ ॥

तंत्रमंत्रयंत्र पैसा साईन्स वक्त जोभी लगे लगाओ ॥

ताक खिलाड़ी आपन दावं जोगी जोग जगाओ ॥

वो खौजते है खुद को मोबाइल के अंदर घुस के ॥

ये देखते है दूनिया के नब्जो को कि ताशीर बताओ ॥

हरहि शिष्य धन सोक ना हरई |

वो गुरू घोरा, नरक मे परई | जरा समझाओ?

हम से बेटर गुरू वो कोट्च है |

हू मेक्स आई-ऐ-एस पी-यस-शी-ओ ॥जदि ना जगाओ ॥

इत्ता हरीश्चंडी में सरवाईभ करपाऐगा दाओ ?

सून ये ई4जी के चैले केसे एक्सपर्ट ॥

लाईम पैस्ट पीपल ऐण्ड चैन्ज ऐ यार लाईन |

होप ईज तृष्णा, नो-होप ईज श्रीकृष्णा !!!

है कि ना बताओ ! ओर जूनौ की जय पूनो की जय ॥

सूनो चाहे मत सूनौ दूनौ की जय ॥।

पै, मामूली समस्या कि कान्हा है आलरेडी मेड पटय ॥

# 16 एनवायरनमेंट डे

किम्, महामानवो !!! माहोल बनाओ एनवायरनमेंट दे है ॥

कि महादान वो !!! माखौल उड़ाओ ऐके परेल डे है ॥

या तो ऐनटीना के पार है | या दिल के पैदल यार है ॥

वकत्जी भला आपके क्या ईरादे है?

हीयार ओप्पौ जीत्तो ? टेटे टेटे, ईफ हाई राईटे ॥

टर्राई डेनटी डौमीन टेटरेडे !

# 17 अंबे माई

"जो तप करे कुमारि तोहारी || भावी मेट सके त्रिपुरारी ||

करे ऐक टेक ! देटीज करेक्टैड डे है ||

ॐ... काली, 10"जे काली कलकत्तै वाली ||

द्वार तुम्हारे जो भी आता । जो भी मागै वो सब पाता ||

भाग्य जगाने वाली ||

ॐ क्लीम् सः सारदे 10 || लरिका रहा जगाय ||

सितारम बजाय ओर सितारा चमकाय ||

भागो आई अंबे माई महामाया माते ||

आप जगत के माते . हम भी माखुर के माते |

आपौ माते हमौ माते तो माते-माते जोराते ||

बस गुड नाईट क्या बोलेतो हमे जगवाते ||

ये वक्त वाली, महाकाली

खूनौ खंजर वाली पै दिल माता का रखती है ||

आदत ऐके खराब है कि ये परखती है |||

बही गै सुन् दरिया भेड़ाघाट मे | नाला चाला ऊल्टा मेनपाट मे |

गॉडदेऊता नो फ्रॉड देवता | मिले क बट फ्रॉड देवता |||

फ़ौरन हीरण के टेम देवता || नाऊ करेक्ट गाई तेरा जय
आऊका?

# 18 जय हिडिम्बा

जय जगदम्बा जय घटौतकक्छा के अंबा हिडिम्बा ||

आदेश आदेश आदेश भागो जै गडे खंभा !!!

दे धामाधय नाल है, सके न ढोलकी सँभाल ||

दे छमा-छम नाचै गोपाल, जरा धीरे बजा द्रुपदताल ||

"कटि तटि बटी बंजा" पटी पटी डटी थंथा ||| और करताल |

नाजुक कमरिया लचके जो मारे ठुमका कमाल |

लहराऐ पीताम्बर तेरा देख जरा अपनी बंसी निकाल |||

नयना मिला के जरा, तन भी मिला के जरा"

बेना मिला के जरा शैना भी मिलाई डाल ||

"आज सखी मधुबन मे, नचत श्याम देखो "देखोरे3 !!!

बंशी बहार बाजे घुन्घुरू सितार साजे ||

ताता थैया ताता थैया बंशी बट मे बंसी बजेया ||

जमुना तट मे गैया चरेया || तट कटि बटि बंजा ||

नचत श्याआम देखो, देखोरे3!!!

# 19 संस्कृतलेखन

में, को, से साथ, के लिऐ, का से मे हे ||

8 विभक्तिया है एक दौ ओर बहुतो के लिए ||

यः मंत्र है यंत्र शब्दकोष है संस्कृतलेखन तंत्र के ||

दे वर दान देवाय वो दौऊता जो ना देवाय वो देवान ||

जौ लै ले वौ लाल्ला वीरू लाल शैर | जो न ले वौ नल्ला
पहवान||

# 20 शैतान

जो लुटेरा खुशी का वो शैतान उनसे जहान परेसान ||

ओर करीया, जो ईश्क वर्षाय भरे भादौ के जेसा वो आना लोकप्रियाय मोहन ||

ऊलूल जूलूल बाते फिजूल वो बिलकूल नही करते |

लक्ष्मी वर्षाते है ओर मोटीभैसिन के बात करते है" !!

मायने लेते है फीस लाखौ में तो मुलाकात करते है ||

जान को फूंक देते है ओर जोश को ठूस2 के भरते है ||

काबिले कदर की किताब है वो तो हम ऐहतराम करते है |

टोल्डा पाईप पिलेयर | लिशन माई डीयार |

व्हाट सिंग व्ही फालोवर बट बायोग्राफी नो कॅ|पीयार ||

आईदर वाईज अंदर | अंदर कर देगी | या अंदर कर लेगी |

यु नो यः ? गो-बिन-दाय्-न-मो -न - महः ! बाई ||

# 21 अंदाज जिन्दगी का

काम धाम कुछ है नही | केवल खीचौ टान्ग ||

अंदर लावा ज्वाला मुक्खी के, होठो पर मुस्कान ||

ऊससे आच्छाबेरी मुहं फुला ले करे नमस्तै बंद ||

सीम्पल ऐण्ड जिद्दी घनश्याम को पसंद ||

"अवसि देखियहि देखन जोगू || बरनत छवि जँहँ तहँ सब लोगू||"

अंदाज जिन्दगी जीने का,, सान्वारिया सब काज |

आओ मेरे दोस्तों ! बोले तो : लग्गा रिया आवाज ||

(रा.च.मा.) "सुनौ भरत भावी प्रवल, बिलख कह्यो मुनिनाथ ||

लाभ हानि जीवन मरन जश अपजश बिधि हाथ ""||

विज्ञान= बि.लख (ब्रह्मग्यानी & रामगुरू) चैलोन् को बोलोहि एक बात ||

# 22 बीबी

बीबी को दिखाया टीवी न्यूज ' सोचा शाबाशी देगी ?

"क्या बेकार सोरो रोरो टाई साई नही लागायी ? ऐसे रहैगी ?"

"अबे आर. संस्कृत है ।"

"तो क्या हुआ ? हीरोईन नही हँसेगी ॥"

"अगर हँसदी हीरोईन, तो तू रोऐगी ॥'"

ले गुरू जाना था पिकनिक हँसदो ? प'हुच गै घुनघुटा नदी ॥

आन जस्टिस नान ईट्टीज अनजस्टिस व्हाट ?

तालाक तलाक तलाक ईफ डाइवोर्स ॥

व्हाई लभ लभ लभ बी ईलू-शीलू नॉ|ट ॥

थ्री ईल्लूज ऊल्लूज शुलूज स्पीक ऐण्ड डू बेले ईन्टरकोर्स ॥

ईटीज रीड ईन एन ईटेलीयन लाकुला यूनिवर्सिटीज ।

बट ईन लोयौला दीस फाल डजन्ट.. टॉ|पिक ईज ऐन आऊट
आईटम ऑफ स्कोप ॥

नो ? कबूल मीन्स लव एंड शच बी अल्सो होलीनेस ईन पर्स.

ऐ देऊताऐन् ऐ पर्वते ऐ नदिया ऐ धरती के नजारे ये पत्थर ऐ साँप,

ऐ पैड पौधै ओर पराऐ जो गुरू गुरूभ्रातांऐ है ।

सब मुझै पलकों मे बिठा के तोहफा देते हैन् ॥

मगर अदद खुशी के लिऐ मेरे नजदीकियों में तरसाऐ हैन् ।

# 23 पवित्रता

मेरे भोलेन्नाथ गुरूजी मेरी मेया शिवाणी ॥

बच्चौ से निश्छल, ईलेक्ट्रिक विज्ञानी ॥

बिन्दू होगा आधा न् होगा कि आधा म् होगा ॥

आधा इ॰ आधा इयं। कि आधा ण् होग ॥

पढ़ने मे पता जुरूर करेन् ॥ बाकी माता के लिऐ सब सही ॥

जो बालक कहि तोतरि बाता ॥ प्रमुदित सुनहि गुरू पिता माता ॥

ईन्है श्रद्धा चाही ना कि विद्वता ॥ गय्या ओर केला दोनो अघोरी लक्ष्मी ॥

चलेगा शुद्धाशुद्ध खाना पानी ॥

पै नखरा पवित्रता का करे श्रीतुलसीजी। अशुद्ध पानी मे ऐ सुरू सुखानी ॥

# 24 मैजिक

फिजिक्स ऑफ ट्रिक ईज मैजिक !

बट तन्त्र ईज मेंचुरल गिफ्ट, मेटाफिजिक्स ||

वन इज ओपन टू शौ, अनौदर इज सीक्रैट ||

वी मस्ट मूभ टू द ट्रूथ ऐण्ड हूँमेनिटिक्स ||

बाटनी केवल के पढै, पूरूखारत ना होय ||

मेथ म्यूजिक संस्कृत .मे देवता प्रसन्न होय ||

यस्या भर्या कर्या धर्या, तस्या वाचा महामहिम पर्या ||

# 25 कान्हा

श्रीकृश्नाकान्हायिया,,. य्ययया. .हो...ओओ. .. .. ...^. !?

बान्शीई बजाअआएऐ.. त?

मौर्पाऑंख हिल्लीहिली जाय !!!

ओओ *****होई जे...गोपाला मोरपंख हिलिहिल जाय ||

छुम छुम गोपीया न्नाचाय ||

ऐक लड़की है, ॐ नमः शिवाय...||

सनातनी है शुद्ध प्राकृति पूजा ||

गड़बड़ झाला किया है अवतारी देवता ||

चाहै साहिबजी सरकार चाहै श्रीकान्हा हो|

वरषात् का पूजा कान्हाजी किया मना ||

कान्हा का पूजा, साहिब मना करता ||

अब क्या करे किधर का रोड़ पकडे भगता |||

जब भी कोई हिन्दू पूजा | जाय तो ईनका अलगै देउता ||

य्यूनाईटेढ ऐण्डरूल | यहँ| डिवाडिङ्०ग के ऊसूल ||

# 26 नो प्रौबलम

नाम उस वक्त का जो हो सिमरन वाली ||

दे शरपर्रााईज टू शी माई हाईट ||

दे भिय्यूड़ नॉ|ड्ट ब्लीडिड्॰ग ऑफ माई फीट ||

व्हू गिव्ज लाईट टू शी | देट गाड शन केन सी विथआउट लाईट|

ईभन इन डीप डार्क मिड नाईट ||

दीदी सौच रही है दादा मत आऐ || पै छोटकी सोचे . कामर्स आ जाय |

अपुन बायौ ओ.के. || फॉर शोलेशिनॉय ||

सियानिन इन्द्रावती ? काहे हँसदो ना लड़की ||

पर्वत जंगल नदी को संकट करता केवल मनई ||

सो फेवरं अस्स बनवारी ईन, बस्तर वर्सेस सरगुजा |

हिया हैये नही है हाफ, ईन्या तो ना जा ||

पता? बोथ शिलवी डेन्श फोरेस्टर ||

बड्ट क्वेश्चन ओफ इंट्रोगेशन ऐण्ड कॉ|न्सटी, -टू - शन्श” || नार्थ साऊथं शीज्जी जी

तू जहां जहां जाऐगी तो ? वाईल्ड डिय्यार पाएगी ईन्गिलिस डियर !!

सो नो प्रौबलम मेक टू शैन्ट्रल शीजी टू सर्व बेबीज अवर !!!

माय प्रेयर ! ई,-भर, एण्ड एव्री वेयर !!!

हमरी रे करम मे, गूरूजी लिखा था | कृपालु ब्रदर, ता बोला जय
यीशु सर ||

ओर भगत मिला टी.यार ? का करे हो गिरीधर ?

नो इन्द्रावती !!! दिल्ली मागे मोर हँसदो रीभर ईभर ||

# 27 कान्हाजी

कान्हा जी पढ़में का । कान्हाजी मूजिक का । कान्हाजी लड़ने का|

कान्हा जी ईथीक का | होजा तरफ मेरा ||

काहे की है मेरा प्रेयर...कान्हाजी....

बस तरिहा भाईयौ को जो खुसी ही नही लगै ||

मुझे ना मिला होता तो ही अच्छा होता ||

# 28 अच्छा-ख़राब

खाली जगत कभी नही होता ॥

उसमे भरा होता है श्री कपीसपिता ॥

नाक्कादापि नरः, ना नारायना ॥

देव त्वं बशसि केवलं शुसजनाह ॥

क्रूरं बससि श्रीरावनं स्च क्रौधीम् स्वतः कालिका ॥

देवाह्न्ना तदाह् परन्तु केवलं विभागाह् ।

यथा थानाह संति सर्वत्रःपरित्राणाय सत्याह् ॥।

तथा ईशः कद्दापिन्ना कुरुते भैदं ॥

जथा श्री शारदा बसती पिपीहिरी वादकं॥

स्च पूज्यसःनाजस्य कंठै बसशि सारदाह् ।

वयं अतः तव बंदनाववयः, पुजारी तजंती ॥ रस खान शौधंती ॥

विचित्रंम्मीसा शंती ॥ ये दसमेसम् यदाकदा ॥

जय यीशु भवन्ति मम गुरू कृपाय, ॐनमःशिवाय ।

# 29 धर्मनीति

धर्मनीति से राजनीति जीतते आई है, इसलिए आज समस्या होगई है ॥

जिस समाज ने कबीर रहीम रसखान साई अकबर शहनाज जेसे संत दिऐ ॥

वही' क्रूर मंदिर नासी शासक भी दिऐ ॥

यदि धर्मनीति विजयते तब सत्यमेव स्वयमेव विजयते ॥

# 30 आराम

मूदे आंख कतहूँ कोऊ नाही || मूदे कर्ण श्रवण कूछ नाही ||

मोहनिसा सब सोवन हारा || सतरंज भी हारा ओर राज भी हारा||

इन्हें देश दुनिया से कोई लेना देना नही ||

है वो बेहोश कोमा मे, महार रेजीमेन्ट की सेना नही ।

तो श्याम सुन्दर ! वो या तो संत समाधी है या आदमी बरबादी है ||

सूत्तो, औंघाऊ, खाओ पीओ सो जाओ ।

आराम जयसियाराम है दद्दू || स्वामी विवेकानंदजी है बुद्दू !!!

रहो बेफिकर ओघर साधू || तब तो पक्का बरबादू ||

का जरूरत है काम करने की ? पीला सरसौ घूमाओ, लछमी बरसेगी ||

का जरूरत है पढ़ने लिखने की ?

काला तिल का तेल चढ़ाओ काली मेया नौकरी देगी ||

का जरूरत है ईस्क करने की ?

नीबू का टौना टोटका कराओ कान्हा भूतनी ईलू करेगी ||

जरूरत क्या है दौस्तौं याद करने का ?

हड़ताल करो एग्जाम ऑनलाईन कराओ ||

है न बेसहूँर पीर की परी साहिबा हूँर ?

सट्टप डॉ. डिअर ! करम करो जरूर ओर धरम मे नो कसूर ||

अगर किया अकीदत से ओर माइया काली किया कबूल ?

तो आफताब मिलेगा तुझे जेसे कोल ईण्डिया मे कोहिनूर ||

जनाब ! सवाल अकीदते यकीन का है तो जवाब लिखौ भरपूर ||

# 31 जे भैरों महाकाल

दिन भर पिऐ दारू आंखी लाल लाल ||

हँसि के बोले: "बच्चा राम राम" जे भैरों महाकाल ||

लव मीट ड्रिंक पोज ऐण्ड स्माइल, आल ||

फाइव नीड ईन तंत्रा ऐण्ड बायो शौसल ||

ज्ञानी मानी रानी ओर गानी | कद्दो गिलहरी छमकछल्लो रानी|||

ऐक सुरू हुआ नही सब ही बोले बानी ||

जिन्है कुछ होश नही बेठे बेठे ऑघानी ||

बोले सो नही रहा सोच रहा हूँ" समाधीष्ट ध्यानी |

उत्तल लेंस द्रग बाज का, सहै ना तेज प्रकाश ||

तो भी कमलाइट् चाहिऐ जब भोजन भजन तलाश |

पूज्य ऐस्ट्रौलॉजर श्री संतोष संतोषी जी ||

मस्त मस्त उपाय बताय श्रद्धा हो तो करीजी ||

पै जरा सोचा तो ? सुंदरकाण्ड के दिन है, तो काहै खुस न हो |

सूरज देवता खुदे खुसी जो समय को पढ़ो ||

ऊन देवो के पसंद नापसंद बता रहै है, तो बहस मत करो |

राम अतर्क्य मन बुधी बानी सोच सोच के सुधरो ||

# 32 कबीर जयंती

साहिब कबीर जयंती को. साहेब बंदगी साहैब..

साहिबकबीरकी ऊलटीबिद्या, झटपट लक्खा ना जाय |

जो झटपट वाणी लखे, सब खटपट मिट जाय ||

ऐक जने उपदेशे, बंदगी एके बार ||

श्री दिगम्बर मुनीश्वर मेना ऐक्कै कोराहार ||

प्रथम बंदगी कालनिरंजन साहेबकबीर दूजो पदलागी ||

तीन बार आप सभी को करता हूँ बंन्दगी ||

दैट इज सो ट्राई टाईम !!! सा.बं.सा.3||

# 33 मिलावट

गोपाल छाप घी जलायंगे | सोचैगे बरदान पाएगे |

नेवर, बल्कि गोपाल रूठ जायेंगे |||

हां, काली माई मसानी है || तो वो खुस हो जाएगै ||

"राम अतक्र्या मनू बूढ़ी बाअआनीईईई!

मत हमाआर अश सूनहूँ भवाआआआआनीईईई ||"

ॐवो राहूँकेतू शुक्रशनि संभूस्याम की जोणी ||

ब्राहमा अपमें आप अकेले डबलजोडी निगोणी ||

कान्हाज ला ऐट राश लीला, नौ जेन्ट्स अलाऊड्ड नौ मूच्छ डाढी ||

शिव दैवता लैडीज बनै वौ भी अप्सरा सा ब्यूटी बाडी ||

दोसती ऑफ डान्सरस ऐक नटराज ऐक नटवर !!!

सुरा सुन्दरी साल मे केवल ऐकबार, शरदी की राती, नही तो बरबादी ||

# 34 शांति

शौधी को शांति नही ओर ग्यानी सुखी ना होय ॥

प्रेमी को बुध्दि नही, भगत दु:खी ना होय ॥

बिना पूछै बतियाना मत बिना कहै बजाना मत ॥

तो कोई पूछेगा कहैगा ही नही तो खोजो संगत ॥

तो मिलेगा नही गिरा आम टोर्च जला के खोजत ॥

तो अपना वीडिओ चलाले ओर जमा ले रंगत ॥

नही बताबे करूगा बतासी है बहुत जोर से लागत ॥

हर बैठक मे होना चाहिऐ प्रस्तुती का कसरत |

# 35 नन्हैं दीप

जब हम नन्हैं दीप थे | रहे आपके हाथ की ओट ||

आज हो गऐ हम दावाग्नि तो | साकृत्रिम वर्षा के बौछार सौट ||

ईनके सोच को सोचोगे तो होस उड़ जाऐगे ||

जिधर देखे मालपानी उधर मुड़ जाऐगे ||

भैडवा पार नजर भर भर के पिला दी जो मिली इक शाकी ||

जब अंगूरी की जुल्फो मे. बेहोस हो तो क्या बचा बाकी ||

# 36 कुढ़न

हिरनौ कुछ भी करेन्गे नही शिवाय कुढ़नेके |

कभी कोई मदद नही शिवाय मूड़ने के |,

तोड़ने मे डी. लिट है, विषय पढ़ै ही नही जुड़ने के,||

बस शिवाय शिवाय, ॐनमः शिवाय !!! हमे मंत्र शिखाय उड़ने के||

कहते है शौध केन्द्र हैन् सब विभाग शोधरत ||

आज तक कही" देखे है, ऐक भी शोधछात्र ?

सब मेटा फिजिक्स है, तो भाव भजन से होय |

जुगाड़ से शौध होता है, तो काम करे का होय ?

# 37 पेड़ मत काटिए

अस्वत्थं, वटं, ओडुम्बरं, इम्लीम्, नीमं, निम्बं च आम्रं ॥

त्यजतं गो-गजाऽहाराय, सर्वथा बर्ज्यते कर्तनं ॥

परन्तु उद्यामें सौन्दर्यीकरणं, सर्वै तरूवे एकाकारं कर्तब्यं ।

अतः आवस्यकतः तत्कालं तथा कुरूकूरु यथायोग्यं ॥

बताना मेरा काम है । बाकी दुनिया समझै ॥

कान्हाजी खुदे दिया मुझै नाम है ॥

ब्र.टौल्द नौहोप्फ ॥ बच्चो के भरोसे शोध नही हो सकता ॥

बड़ों के भरोसे भी नो नारायण है ॥ जो है सौ बस यही ऐक
हीरण है ॥

# 38 ओस्ताज

ब्रम्हाण्ड में खुद्दा के उस्ताद खोजता हूँ |

वास्ते जहां के, आवाज खोजता हूँ ||

कूदरत के करिश्मों से चक्का चौन्ध हूँ मिया काले |

गजल के वास्ते कुछ साज खोजता हूँ ||

ईरादा कुछ भी नही शिवाय तेरे ईस्क के काले खान ||

महज, हवा बाजी लिए शागिर्द चाल बाज खोजता हूँ ||

या खुदा जो भी करे करतार वही है काले |

मैं उसके इश्क मे अपना मिजाज खोजता हूँ |

# 39 भूतनी

जे भवानी माता || लिखा है देवी कवचै कि प्रेत संस्था चामुण्डा |

प्रेत ही क्यो माता भूतनी ऊपर क्यौ नही आता ||

कि बँटवारा कि भूत ऊपर भोलेनाथ प्रेत ऊपर माता ||

भूत ओर परेत मे कोई फरक बताता ||

जो ईल्लू डू सौ भूतनी जो, पराया वो परेतनी ||

तभी तो कंफ्यूजन करेक्शन भूत संस्था तथा भूतनीवाहना ||

ओके जे महाकाली माता ||

# 40 खातेगांव

बोले यार रेवेन्यू है नही हियर ईच डे ड्राई डे ॥

फिर भी जियौ मस्ती मे, ऊपर वाले जो भी दे ॥

ॐ क्लीम् सः वीणापाणी टेक्स: ॥दियाबाती टेक्सः ॥

फेमिली टेक्स: ॥ बीमा टेक्स ईन्कम टेक्सास ।

च चैतक: स: !ब्ययन्ती सर्वस: सा शी सः ।

परन्तु परंतपः पूरस्कार:, निधी नामत्वा निधिपति ग्वंग्हवामहे.

पूजामहै च, ॥ चन्द रमा मनि शो आजायता,(चंदा संकलितंम श्री धन:)

अथवा गुरू कृपा वृष्टी गजोपरि श्रीपरी विष्फुटं मेघाह झमाझम ॥

वे लंमर्थ:विशिष्ठ पूजार्थम् पूर्ण शुकलं भवंत,:

अर्थात् अशुल्क करतं कर-मुक्त : ।

किमकरस्य चिन्तामि पूर्वैंय्युगल् तड़|गो पंकजपूर्णत: ।

# 41 ममाब्रदर

दिखता तो कुरुक्षेत्र है, प्रेयर्स के स्थान ||

पं. मौलवी पादरी साधू संत से प्रथम सुन्दर इन्सान ||

मै ममाब्रदर को क्यू मानता हूँ ? महान ह्रिदय के पूज्य महात्मा!!!

नि:स्वार्थ पढ़|या मुझे, मैं ऊनके धरम मा ना जातमा |

वो कभी कहै भी नही कि चर्च चलो लेकिन हैल्प किऐ हर बात मा ||

# 42 नकली

तमिलियन सेव शैण्ट महा ग्यानी रावन ||

"मन महु चरण बंदि सुख माना ||"

ड्रामा सभी के निपुन सुनजाना || तो भी सफल वरदाना ||

नकली सीता, नकलीसा, धू नकली हिरणी, नकली सुवादू ||

अगिण देव सीता बसी, रावण साधूवेश ।

मामा मरीच सवर्ण मृग, राम जी कंद मूल फल खा, दूं ?

जय शंकर जी जय जट्टा कट्टा का निर्माता ||

ड्रामा ? "द्वार पाल हरि के प्रिय दोऊ | जय ओर विजय नाम
अस होऊ ||"

गुड डियर्स डिड डियरनेस प्राइज डोनर दाऊ ||

# 43 खतरा

नो ब्लैक माम टू फीयर . ओनली हर डिपार्टमेन्ट ईज डेन्जर ||

अलाईक जस्ट, डिजीज नॉट इज ऐ डॉक्टर ||

शी हर शैल्फ ऐथेना म्यूज, मीनार्वा .फ्लौरा, शारदा आर ||

ऐपरेटस शुड बी कंम्प्लीट, टू केलीबरेट ईजी ||

नौ कॅम्पलीकेटेड, वीथ नो टेनथीटा, बट डाइरेक्ट रीड ||

आलाईक समर इकजाम वाटर नॉट ग्राफ पैपर नीड ||

हंकी संकी दंकी कंकी जंकी मंकी || सब जोडे तो बराबर ऐक
नंकी बंकी ||

वावो घास्टाफ वीण्ड डास्ट कम ईन्न || तो तू क्या सौचंकी !
क्या ईरादा झंकी? तेहि कलिकाल बरष बहु, अवध बसहु बीहंगैश|
परेउदुकाल बिपत्तिबस, तब मे गयउ विदेश || उ. का.दो. 104 ख

# 44 महारानी

देख्तै हांका महारानी "है ऐ युवान | पर खून है कि पानी ?

हम वन मेन विभाग मे तीनो बी ऐस,, सी 1

4-5 क्लास डेली विथ पी.ऐच.डी स्टडी सौचौ ||

ऐ सिन्गल कक्षा मे कॉ|पी पैसा कैसा बच्चों ?

बेड बेकटेरिया स्कोटो ईहर टोटो मोटो लभैरिया ||

हो जा रे कन्हैया, हैट बोल दिया 16108 रानिया ||

कान्हा कहा भैरी गुड आजा बाली बहेलिया ||

बिकाज ही रशिया शेम एंड रामजी से डिस ऐग्री सिय्या ||

दासी है ऊदासी कहा हो गोपाला गिरीधारी मनँ बसिया ||

मुस्लिम देसी मंथरा मन्तर मारी है हिया |

तो ? दिल्ली की फ्लाईट पहु'च गै हाटिया |

कुतली, रोमान्स, खुजली, ओर संघर्षण ||

सब ऐक्कै केसे? वन के हिरन को सेन्धा लवण ||

बोरीं ! बाईसे पसेरी है सब धान, मौहणाकर्षण वशीकरण |

ऐसे ही सब ऐक्के है स्तंभन ऊच्चाटन मारण ||

अल्लाईक शैद्धान्तिक भोतिक मानै प्योर गणित चारण ||

अलख पलक झलक तनी देखा ऐकटक |

तनि कुछ बोला ऐभोला शंकर शंभू नाथ ओघण ||

# 45 फूल

"जोतो को कँ|टा बुवो ताको बोओ फूल ॥

तोको फूल के फूल है वाको है तीरसूल ॥(साहिब)"

नो नारायण नो फूल बट ऊषा दिशासूल ॥

सुनौ मनायन, नाच अप्शरा मौरै, तो झूमके नाचूंगी तोरे ॥

नही तो नही |जाना नो भूल ॥

बिना बुलाऐ जाना नही बिना कहै बजाना नही ॥

पहिले चेक कर लो बाजा तो नही नाजूक ढुलमूल ॥

# 46 अप्सरा

ऐ दुनिया भुलाऐ गयी है सहैली | ना तू अकेली ना मे अकेली ||

तेरे बिना सब गोलमाल है | साथ तेरा तो माला माल है ||

टिकली वाली अप्सरा, जब नाचै झकझोर ||

थक गे बाजा वाले...बजा दे जरा ओर ||

ऐक शैक्सी गाना होता है झाबुवा गीत.

जब बारात गऐ जेन्ट्स सभी ||

ऐमंग ओनली आल लेडीज ईन मेरिज,

ब्रेकिंग कलसा सूप्पा मे म्यूजिक ||

"ऐट काऊ शैड प्लीज डोंट स्लीप ||

बलेक आक्श केन पास बाई दि वे दीस ||,"

# 47 स्वागतम

स्वागतम मे हम आपका बिदा किऐ निज छात्र ||

यह कर्म भूमि है आपका तो गुणवत्ता की बात ||

पीजी टीचिंग अनुभव, सुरूसे तो सौभाग |

नया बेच नवयुवको का, नयी तान नयी राग ||

नई उचाई खोजिये ट्राई फॉ|र विवि ऑर आई ए एस |

या शोध निरत हो जाईऐ करिऐ प्रौजेक्ट पैपर पब्लिश ||

डीभोशन ! फीट ब्लीडिंग बट्ट स्टाप नॉट स्नैक डांसिंग ||

यू नो वी केण्टसौ ||

# 48 खूसट

ना हीरो, साठ मे पहुचौगै तो हँसीना खूसट समझैगी ही ॥

तुम धियाने मत दो,

आपकी अपनी आई को|न विवेकाननदी के विवेका पसंदी ॥

हम कभी ना टायर होते ना रीटायर बिना ऐट्टी ॥

जयंश्रीजी ऐवं ऐ.बी.शी.जी. ॥

मेन इकोलॉजी समझते है संभू शंकरजी ॥

बाबा भोलानाथ अंदर मंदिर काली ॥

ओनो ! डोन्ट वाक ईन मार्केट | व्हाईल मून्नी माऊथ टेक ॥

टू मॉनी इज नो नौलेज ॥ हॉ|ली माई शिम्बा पेट ॥

# 49 छात्र

किमे छात्र हूँ तपकरहिन करेंतिन और समय का ||

यानी कि कान्हाजी कालसर्प का ||

इनके कृपा से दुनिया बाखुदा चलती है खुदे ||

हंका के बजे डंका || पाश्रा के तबल टनटनका ||

झूमे पूरी धरती माता सूत्ते जन्का मंका ||

ऊसे पता है कि ये जादा बेहतर है ||

कॉ|म्प्लैक्सिटी मे नही देन्गे मौका ||

तुलसी बाबा लिखे स्वान्तःसुखाय ||

नौ ज्वल2 फट्फट स्वाहा | हिया हरियर पौधा मुरझाय ||

तो ? कालसरप दोनो देउता करे सूक्खा बिरवा हरियाय ||

क्या कंकाली माता ? कास होता जादूगर तो सब दुष्टौ को भगत बनाता ||

सब भगतो को आदमियत के काम पर लगाता ||

परन्तु कर्त्री कृपा महती नानूनम् यो-यो प्रदाता मम बिधाता ||

अधिधकोअपि मम पात्रै मम ममता मयी काली माता ||

# 50 छोटा सा दिल

दिल है छोटा सा, मकान बहुत बड़ा ||

मन है ही नही, मनखे दरजा बड़ा ||

मंगता है सोचते, है कन्नी काटते ||

भरोसे परायो के, ए साईन्स नही चलता ||

नाराज होने से ईनके कुछ फरके नही पड़ता ||

चाहेंगे कान्हाजी तो शिद्धी तपत जल कुण्डी |

जय कागभुसुण्डी लगाले लगाले ताला कुण्डी ||

कही मेरा दही-चोर ना चूरा ले तेरा चेरा पून्जी ||

ॲंम्मा कॅ|ली मॉ|ई तूमी आमा भॉलो कॅ|र्बी ||

ॲंक्लीम् सः की बूझो ताड़पॅंडे. तॅं|तॅं|पॅ|नी वाटे आमॅं|र
किताब्पोर्बी||

तोमॅं|र पौरॅं|न बंगला मा आच्छी आम्मी को खूबॅं भॅं|लो लॅं|गेछे |

भालोछीलो तूमीमॅंहॅं|कॅं|ल संगै कृष्णा-कृष्णा भॅंजॅं|न कॅं|र्बीन ||

# 51 नूकसान

असंतन के सेवा से, ओर मूरख को दिऐ ज्ञान ||

शैषनाग को गोरस सेवा, उल्टा करे नूकसान ||

ईस अटल सत्य को जोड़ दिऐ जात का बंधन ||

जरा समझ के संत जन पढिऐ वेद पुरान ||

स्नातक मे गायत्री भी पढे, किए प्रचाराभियान ||

लेकिन नो उत्थान, वो आऐ मंदिर तो दारू पी के बम ||

हवाऐ तप रहे है फिजाऐ जल रहे है ||

लगी है आग दुनिया मे शीतलजल भी जल रहे है ||

बडी बडी. शक्तिया संसार में है

ऐ मैं- बड़ा मैं - बड़ा मे बच्चो से मचल रहे है ||

अब लभ नही सुलभ है पडोसियो से ||

दोस्तौ के जमात से दुश्मन निकल रहे है ||

अरस्तू कहा सोशल एनीमल है आदमी ||

लेकिन सोशल नही लग तो अनसोशल रहे है ||

डा.चौहान कहा कि महार अगर खुस रहना हो ||

केसे कि, मस्त रहो मस्ती मे . आग लगा बस्ती मे |

तो न्यू न्यू न्यूज बिलकुल सुनना नही आजकल जो चल रहे है ||

# 52 ग्रहण

अब तक सुना था ग्रहण मे तंन्तर मंतर जंतर सबमे फायदा ॥

पहली बार सुना आज कि ईस मे संकट भी मिल रहै है !

भीषण गरमी कड़|के की ठंडी ओर मूसलाधार बारिष मे ॥

खुल्ला बदन बाबा श्रीसत्य नारायण जी

कोसमनारा रायगढ़ मे सकुशल तपस्या कर रहे है ॥

हे गणपतीजी ईनको बचाना ॥ ये अपना खतरा लेके घूमते हे" ।

निज सौन्दर्मयम मृगस्य बैरी, अति-आभूषणं मनूवे यथा ॥

स्वमस्य महा दंतो गजस्यसत्रू, च सत्रू अप्सरा भार्या ॥

बेवफाई को जो समझे बहै उलटी रेवा !

तबियत से डूबो नर्मदे जी है हीरा देता ॥

# 53 उड़ान

फेसबुक : परो को खोल जमाना उड़ान देखता है ||

तू बेठै बेठै क्या आसमान देखता है ?

कृपा गुरूजी का, बहूँते बड़ा तोहफा है !

देखिऐ आदमीयता को क्या देखता है |

तरजुम्मा है कि रहमत ऐ ओसताज आला आफताब है !

तो खौजबर हो इन्सानियत का क्या खोजता है ||

करीश्मा हो जो कूदरत की तो कूदरत को पढै. |

सब्बा भर ईश्क मे डूबो कोन रोकता है ?

छौड़ फ्री फ्री फ्री रिफ्री रेस्पैकटेन रैफ्री द ग्लोब

व्हाट एवर थॉ|ट | माईण्ड काइणड नॉ|ट|||

बॅट ब्लू ब्लैक यू केन नाट अल्लाऊड ऐन्टी थाट मी अबाउट ||

ग्लोब टेट्रा ओरा बट नारायण नॉ|ट

से हैपी सेपी गुड शुड एंड ऑल राईट ||

# 54 गुरूजी

गुरूजी धान लगावेन्ता उन्खर चून्दी लहराऐ ॥

भोले बाबा के धान से जटा ले मेया गंगा बहाऐ |

गोपाल ताता थैया . नाचे तौ मोर पंखा डोलै,

कि माता की डौलते उन्गली जब वे वीणा बजाऐ |

तीरथ ऊठिके घर आऐ तब होय संत दरबार ॥

साधू से कुछ ठगाइऐ तबे होय हुसियार ॥

का पी के जच्चाई से, तातापानी ठंडाय ॥

गम गणपति जी, गुरू बाबा को बुलाय ॥

# 55 दीयावाली

हौ हौ जैहौ जैहो माता तेरी गारी मे छुपी ममता है ।

हिन्या सहज बोली खाले रे हिरन कभी देखा है ?

सब को गयीय्या मईया को तुरते खिला दिया है ॥

दीयावाली में मुझे जो भी बहुत कम ज्यादा दिया है।

मेरा गोपाल सूखा रोट्ट वाले है रसे तभी रसिया है ॥

नही तो बेकार है जो बेमन से दिया है ॥

डैवी नाम के विवि प्रोफैसर बनाऐ डैवी लैम्प,

कोईला खदान के टोपीबत्ती ।

ऊनका चपरासी को भी चढ़ा शौक ओर ग्यारह साल मे बिजली

पंखा मोटर बना दी ॥

डैवी जलनै लगा लैकिन जी -सास नै उन्है ई नाम बक्सी ॥

माइकल फेराडे को आज सब पढ़ते है भौतिकी ॥

हुवा था यू कि राजा ने फेराडे के सम्मान मे भोज दिया ॥

डेभी ने प्यून है कह कर मना करदी पार्टी ॥

# 56 उज्जैन्

जै उज्जैन् जै महाकाल जै महाकाली जै बंगाल ||

ईण्डीआना काला लीयान वालै लाला हैपी एटआल ||

भिस्की मे विशनो बसे आरएश मे घनशाम |

महुआ मे महाकाल वसे सिमरन मे श्री राम ||

"पानी ग्रहण जब कीन्ह महेशा । हरषि शेस सुर शिद्धि सुरेसा ||

पीले -पीले भोला राजा पीले - पीले राजा जानी || हरीनाम का

जाम..||.

# 57 सुवर्ण रेखा

झारखंड मे सोनार झारे नदी सुवर्ण रेखा ||

सुना पढ़ा ईनटरनेट मे लेकिन नही देखा ||

बेवफाई को जो समझे बहे उलटी रेवा !

तबियत से डूबो नरमदे जी है हीरा देता ||

गुरूपितुमातु महैशभवानी || बंदूमाता ॐक्लीम्सः वीणापानी

लाद दे लदा दे | पाच कोस पहुचा दे ||

खाना परोस मत माते हाथ से खिला दे ||

ऐसे ऐसे आसारदा सवारी सीतला के ।

माला जपै से फुरसत ही नही बस जै बिहारी बाके?

# 58 केसे हो ?

काम वही जामे नूक्श ना हेरा | ठाव वही जहा साधू के डेरा |

गाँव वही जहां मंत्री बसेरा | नाम वही जिसे माला फेरा ||

पांव पखारे गईया हो | काजल पारे हो गोरी ||

धन्नीमनी सजना हो, चंदन पारे हो घोड़ी ||

वाहवाह ||| सट्टप?

दूध लगैरू गइया मेया | गुणवंती हो गोरी |

सजनाहो मनमोहन ओर उड़न परी हो घोरी ||

# 59 साँवली

कि मेरे मोहब्बत को कमजोरी ना समझो री ।

कि सज्जनता को ना समझो पोन्गा पंण्डित कोरी ॥

कि ऐक, ऑंख मारू, बाईलोजी दिखाय ॥

गणी दोनो ऑंख मारू गाड-पार-टिकली दिखाय ॥

तीनो ऑंखी मारू तो कान्हा मुस्काय कान्हा मुस्काय ॥

ॐकबीरी श्याम सबीरी बीन्दी जे टीकली वाली की जय ।

टीके ठीके टूरी पन बीरिया लगाय । बिन्दी काजल पारे साँवली
मुस्काय ॥

ट्रांसलेशन कैसै किया जाय ।

नीली पीली चुनरी मे झम हो जाय..!!!

अंगूरी है नजरे जो देवी मोहनी है ।

इन्हें जो देखलेता है तो सिद्ध साधू होजाय..

सारे जहा नू जे एडहैसन कोहैशन ग्रैभिट्रान आदि मेग्नैट्रॉ|ण से '!

# 60 मनोरोग

आग लागाऊ बात करते है कुछ लोग ||

प्रेम लगाऊ लोग कुछ कुछ केवल मनोरोग ||

धरम के माने पूजा पद्धति || ओर नकल सूधारे शौध ||

आदमीयात अन्नोसंधान्नौ, अकल सं सकल लगल बन्नो ||

तबे होय प्रबोध ||

डिप्पार्टमेन्टॅ|फ आल-अट्रैक्शन अधिष्ठात्री देबी मन्नमौहणी शामसे||

बिना बिचारे जो लिखे || तुरते करे ईरेज ||

लेकिन लोग जो पढि चुके ऐ भाई रिग्रैट ||

# 61 रसखान

ब्लाईण्डील्लू का नाम | श्री ब्लूईसलीम घनश्याम || ||

पुजारीजी को छोड़ के | खोजे बाबा रसखान ||

ऐ आदमी है कि पैजामा | कि ऐबीसी जेसा बड़ानाम् है ||

कि चलता फिरता गुम सुदगी का समान है ||

की ऐ दिल तेरा मेरा खुदा का मकान है ||

या फिर यकीनी तोर पर तेरा कुछ पहिचान है ||

ज़माने से इश्क का दुश्मन जहान है ||

# 62 दिल फेकन

तीन बार त्रिया बनी मेरे गिरधर गोपाल |

सूधा बंटन शंभूरक्छं ओर श्रीराधा प्रेमजाल ||

दही मलाई माखन मिश्री ओर खीर के भोग |

पाना हो गर कान्हा बना चौथी संयोग ||

दिल फेकन श्याम मन मोहन ! ऐक बात के रखो ध्यान ||

कि वो शक्स करेत सांप से भी ज्यादा खतरनाक होगा |

जो नजर मिला तो ले पर ईमान ला ना सके ||

गाहै बा गाऐ मोहब्बत तो कर लिया ||

इश्क एक कतरा नही दिल मिला ना सके ||

रश्क से भी भरपूर है रशिया |

बंदा देवर्षि को बंदर बना दिया ||

ओर मिसाले बुत दोस्ती काबाखुदा |

मिटा के खुद का मकान दोस्त को सिंकन्दर बना दिया ||

# 63 आदमी

जय हिन्द जय हनुमान जी ।

कलासंकाय मे नही पढ़ा मे नादान जी ।

यूनौ ऐ विद्यार्थी ओ विज्ञान जी ॥

लेकिन देखो दुनिया मे दैत्य तत्वा अति बलवान जी ॥

ईण्डियन यूनिटी पर चीन्टिओ से शर्मसार है ॥

ऐक नजर से पढै. दूसरे से बाहर लिखने बेकार है ।

ऐ लीचिङ्०ग क्या है? कि जात आदमी कितना समझदार है ॥

टीवी मोबाइल मे मृगसावक को नोचते जानवर है ।

ऐ कुछ ज्ञानी लोग भी संविधान तक से बेखबर है।

कि मे तो खोज रहा हूँ भूत भूतनी को ।

साया श्याम समाया संगै सूतनी को ॥

कि सीधा भूतनाथ है भोला तो वेकेन्सी नौ ।

जो महाबीर सूनाओ तो, भूतनी आओ सुनौ ।

कि ईभर लाफिम्ग रीभर लेडी रानी हँसदो ॥

दिखाती दान्त रहो ओर प्यार दो जस दो ॥

# 64 गूगल

मैं पूछ रिया ईतर्राना ये बता रिया पुराना ||

नौशैभ सेलेक्टाल कट्ट ऐन्ड इनटू गुग्गले पास्टना ||

ईफ ईनडौ /ऐन्ग्लौ रोट्टौ, ई डन तो बताना ||

बिचकना मायने क्या बताऐगा? डियर ईतवारी लाल कान्हा ||

अघाऐ बनिया रहो कोई हऊर हयूर नही जनाना ||

खासकर बचके रहो नानभैज ऐन्ड नान भेजा ना ?

# 65 शियानिन सिधार गै

ईत्ता जोर से गाऐ बजाऐ शियानिन सिधार गै ॥

बंद सुन्दर कंड, सब कंडम होईगै !!

कि चलता फिरता गुम सुदगी का समान है ॥

की ऐ दिल तेरा मेरा खुदा का मकान है ॥

या फिर यकीनी तोर पर तेरा कुछ पहिचान है ॥

की इन्हें तो केवल जरूरी चीजे जो पसंदीदे जहान है ॥

कि मैं ना हलदी घीसा ना चंदन किया |

ना बरत किया ना तपस्या किया ॥

बस लिया नाम तेरा हे मालिक मेरा |

आभरेकरम कृपा से अपना लिया ॥

# 66 उल्टी हिन्दी

नागा गीनैसू? ॐओ कीमै हँ|का ! तीसहँ होरा ||

लीवसा नीलौ - सा नित - भू,, तैरा -कु- सूमू हौरा ||

रीयापी नत्तिरेप दास लूई नालीपागो || पीगो5,

ईदू-ईदू तन्दा, तीखदी सा माहे साहँ ईसागो||

ॐमौन तेवगभ यवा-देशू-वा ॐ108

# 67 श्रीताण्डवजी

एलियन इन मीडिल : ऑफ श्रीताण्डवजी :

""-किशोरचंद्रशेखरे रति: प्रतिक्षणं मम ||""

"लिट्टील लून टू हैयरबेण्ड लभली लूकिंग टू मी

डाक्कैट ओर दाता दोनों है ईस दुनिया में |||

टाईम साई बिधाता कि कब साहेब क्या मिलेन्

ओर देउता चित न धरई | हनूमत सेई सरब सुख करई ||

कान्हा सबके ही है कहना यही ||

ओनली पावर फुल्ली मोस्ट वी ||

रेस्ट टोटल सेकेण्ड्री ||

कोई किसी को कुछ समझते नही ||

समझो तो ऐहै ऐके स्वर की फ्रस्ट नीड ||

काल्म हो शान्ती हो अंन्तर धरम अन्दर धरम बी ||

दूवालिट्टी चोखा हो डुवालिटी नो स्ट्रैस ||

# 68 साधू

साहैब कहैन् सुनो भाई साधू | या पद है अल - बेला ||

जोभी इश्क का अर्थ बता दे | हम उनके भी चेला ||

कि जो अंटी के नाम का ए बँधा घंटी है ||

शिरी घनस्याम मोहन का बँधा कण्ठी है |

कि अल्लाराम कभी जंजीर कभी सुमनमाल बनती है |

नही बनती आपसमे तो भी दो बंटी है |

कि ऐ ना अबला है ना सबला है लेकिन |

करबला से भेजा गया ऐक महर बला है ||

वाईफ गर पी.ऐ.हो तो सु मंगलवार होती है |

अगर भड़क गयी आतिस तो शाढेसाती स्शनिस्चर होती है ||

परियौ की रानी, क्वीन आफ बेले || प्रेम कहानी, सुमें न खेले||

ना कोई गूरू ना कोई चेले | राह खुदा के चलो अकेले ||

डजनटा ऐल्लाऊ टोबेकू, म्मून्नी फेकू | नौ हीडन डर्ट फिल्लाईट डू ||

यू आर शीशी ऐण्ड शी लूकिङ॰ग अण्डर विज़ूलेन्जू |

चैक मशीन शुडनटा क्लीक ईन डौमेस्टीक फ्लाईट ||

बट डू यू थाँटा ईल्लू ऐबाँटा ||

फाउण्ड टोबेकू केन बी हाई प्रौब्लमेटिक ||

# 69 साईन्स

ॐ नमः शिवाय, आभारी बेवफा का ॥

शुक्रियाय ॥ बेवफाई तेरा बोबी जो मिलाय ॥

द लभ ऑफ ब्रदर शाधू थेन्क्कू दोज डेज .।

टू ग्रान्ट डीगीनीट माँ केकेयी ग्रैट ॥

वाह ! तरक्की को क्या कहै कि आलम है ऐ जमाने का ॥

पूरा फीजीक्शी है रेडीमेड कोई फायदा नाहै पढ़ने पढ़ाने का ॥

फिरभी पढना तो समझ मे आने का ॥

ऐ साईन्स क्या है? साहैब के सतनाम का सतकाम है ॥

फिर भी ठगाते है, तो सचसच बताने का ॥

रेवा की महाराजिन अतीबीर ओर कृपालीन ॥

ओर माता मैहर की बहुते बरदायनी ॥

ईण्डिया को समझना हो तो रेल क्लास थ्री ॥

बेदर को समझना हो तो वीनडो फ्लाईट ॥

वो चीज ईबादती जो तू नही समझती ॥

# 70 नाज

होना चाहिऐ था शुक्रगुजार और नाज इन्सान होने मे ॥

लेकिन बिजी केनिस केट के क्वार्रेल ओर ।

गुमसुदगी के सामान ढोने मे ॥

श्वान हंस जो होता है वो मोहब्बत नही इश्क करता है ॥

डालफिन जो जलपरी वो ॥

नो बाजारियस लव बट डिभाईन लभर ॥

ब्रैकेज ऑफ बेगल पाउडर लभ मीजर ॥

कान्हा कसम कान्हा को रानी मारे बानी ।

सिवाय राधै महारानी बट लास्टली शाट ऐरो द हंटर ॥

बिकाज देयर लोवर फीट डेकोर आई डियर ॥

गाड हान्का अरेन्ज्ड द रीवेन्ज ऑफ बाली ।

वाज किल्ड ईन राम मार्फ़ हाऊ इभर ॥

# 71 गरीब

कान्हा कसम ईमानदारी ओर ऊदारता |

गुरूदेव का नाम पार है उतारता ||

ऐ मे किताब का नही बता रिया ||

फाका कसी के दिन मे भी

रस्क ए जलन से नही नजर करता ||

अक्सर भूख से लोग बेईमान हो जाते है ||

ओर अगर ईमानदारी बरकरार, रखा तो कामगार महान हो जाते है ||

बजा फरमाया जनाब कि दुपट्टा फटी सही लेकिन सर पर होती है ||

गरीब मोहतर्मा की मोहब्बत निखालिस, ओर यकीदत मयस्सर होती है |

इस युग के बाबा लोग को (हमेभी) देविओ का रामायण ज्यादा पसंद |||

हमे कोई पून्छते नही ओर रामबाई के बजे मृदंग ||

ऐ जलने का बिलकुल नही है, ऐ सौकियत का है सुगंध ||

सांगीत का अर्थ ही है दोनो पार्टी ऐक संग ||

सब संगत एक रंग जय हनुमंत रमंती राम ||

# 72 मोहन

ऐ वेस्टर्न नो पसंद भोला मोहन पसंद होला ||

रीडौ लॅ|भोशीयान फालो भैलनटायन लाभ्भौला ||

ईश्कॅ|न बोमेंफीट, ईफ बाहमन, हीप्पीफुर्र फुलेरा ||

ओपन आफीस सेटप करेन् गै काम सब लखेरा ||

# 73 लेदरी

मोहाड़ा की देवी बसे नदी के तीर ॥

कृपा ओर कृपाण से रकछा करे फकीर ॥

नाना-नानी नागरी नामाशुभम समाज ।।

ना नमाजी ना रामायणी ना लिहाज ना लाज ॥॥

मनेन्द्रगढ़ इदं वस्तुतः महेन्द्रगिरि, झगराखण्डादि दोषौ ।

अतः कुरू कुरू रक्षति शुभं सुन्दरं ओस्ताज ॥

मम विदेशी सखाह् बोधंतियय चर्म ॥

डमरू नादं तीरे हँसदो सशंखं शुभकाज ॥

कल की पढाई मेहमान नवाजी मे गई ।

आज की पढाई लेदरी ले गयी ॥

अब फिर से खोजिए साहब

कहां है क्या फाईल, फोल्डर, कापी, किताब ॥

गोतम के गैरूवा खिसक जाते है अप्सरा को देख के ॥

तेरा तातापानी तो ठंडाऐगा ही बेवडे.॥

मेरी क्रय की गयी जमीन को हड़पने के लिऐ ।

मेरे दो पडोसी मारपीट थाना दुवारी कर रहै थे ॥

वो भी उस तिथी को जब मुझे पुणे महारास्ट्र मे

राष्ट्रीय विद्वान कवि का पुरूष्कार दे रहे थे ॥

# 74 ईमानदारी

ईमानदारी को घोल के दारू मे पीए हुए ॥

ईबादत का नो आदत मुह सिऐ हुऐ ॥

का बीता है कविता कि बचनं किम दरिद्रं ॥

अय्यी आम कि जयी लबेदा कंकाली काली भद्रं ॥

सिमरन का सुरसुरी मे खेद डमरू बजे डम डम ॥

कि मेरा बाबा को पसंद धतुरा ॥

ओर उनकी भूतनीजी को पसंद तमुरा ।

मेरी मैया महाकाली को पसंद बडका छूरा ॥

पहली पसंद मोबाईल आजकल के टूरी टूरा ॥

फ्रस्ट नम्बर के कलूवा मेरा माखन चोर ।

दूजो महाकाल सभी 52 भैरों ऋड़ंगी नंदी भृड़ंगी ओर...॥

# 75 क्या देखे ?

नजरवाले तेरे जलवो को खुसामदीद भर नजर देखे |

दीद ए कोर को क्या आऐ नजर क्या देखे ?

जरा परिन्दै की नजरिया से क्यू न गिरधर देखे ||

बाखुदा ईश्कै ईबादत मे दुनिया को हम सफर देखे ||

मोहब्बत मे अगर मिलावट होगी तो?

मिलेगी नही नजरे, इधर उधर देखे ||

गलती से भी हर मुकाम पर अस्क नही पढ़ना ||

मगर हर सक्स के हरकत पर नजर कर देखे ||

# 76 प्राईज

डेका किलो डालर् || माई क्वीन हाई यूरो वाईआर ॥

ईल्लू ओके डीयर | शैण्टा किलो मनी सून मून हनी ॥

सरप्राईज ईन प्राईज डालर गीगा टेरा जोनी ॥

लोकिन्ग ईनल्ला नीम्फ बियाउटी ॥

"जप तप कछू न होय ऐहि काला |हे बिधि मिले कवनु बिधि बाला" ॥

जै हो जै बाला जै भलैनटीन्न वाला ॥

ओभर माईण्ड रोट्ट मी फॅ|रचूना |

कॅ|लिन्ग कोलकोता रीचिन्ग पूना ॥

चन्द्रमा मनी सो आजायता | सूर्यौ ज्यौती आजायता ॥

दशौंदिसो होदिन दूना रात चौगुना ॥

मोर पंख सिर सोहत नीके || मंद हसत मोहन कमनीके ॥

बहुत खुस हुऐ हो"गै !!!

# 77 खीचातानी

क्यू ग्लोबल वारमिन्ग है क्यू ईलाही ग्रैस नही है ?

फेसबूक मे ऐक भी लभली ब्यूटी फेश नही है ||

मदिर मस्जिद मे माईक के खीचातानी है ||

परीक्षा मे ईमानदारी नही, ओस्ताद का नाफरमानी है ||

भगवान को पूजा वाला घी है ओर इनसान को दूध मे आधा पानी है |||

नया नोट को होटल मे फट्टा नोट के लोग दानी है ||

श्रीकान्हा जी भी क्या करे ? क्योकि वो अंतरयामी है ||

श्री कृष्णा केशव अंबेडकर ने बाबा सा. डॉ. भीव राव को पढाये ||

वो गुरदेव महान ||

वो राजा गायकवाड़ सही के महाराज, जो दिया छात्रवृति अनुदान||

# 78 नौ दुर्गा

नौ दुर्गा दस विद्या देवीनाम बंदनामि ॥

पस्च श्रीरॉमाशिया भग्तराज श्री हनुमते नमामि ॥

किम् जनाह गानधर्वन्ति, न्यूनं काले रथे हंकंतं ॥

हाय हनू. हैप्पी बर्थ डे टू्यू !!!

आओ कहै से ओलिया बैठ कहै सो पीर ॥

दोनौ का ईशतकबाल करे, वाको नाम फकीर ॥

तेरे ईश्क के अस्क मे रस्क ही रस्क है ॥

जरा खुदा को जपो क्यू ईतना फिरका परस्त है ॥

क्रिकेट के जुबाने तो हमे सिक्सर यकीन करते है ॥

मगर बाखुदा मेरे छक्कौ मे फिजा का सोहबत है ॥

परियौ की रानी, क्वीन आफ बेले ॥प्रेम कहानी, सुने न खेले ॥

ना कोई गूरू ना कोई चेले ॥ राह खुदा के चलो अकेले ॥

# 79 ईकोनोमी

डाऊन टू अर्थ | ईक् अप्पडू स्काई ||

टू फ्री फ्लाई | जोगनी टू मेथ नोमनी ||

टोड्डो टोड्डो दाई शाई प्शायी !!!

ऐकसेप्ट नौ मी आल नीड ईकोनोमी ||

ऐश ऐट डबल डेका डालर बट गिव्स ट्रिल्ली त्रिल्ली बिल्ली

आन नो आईटी शाईटी फॉर होली सोसाइटी ||

# 80 मिया बीबी

जलदी जलदी मरते जाओ || जगैह खाली करते जाओ ||

पति के पिटाई मे क्यू जहर खाई ?

देवता क्या मनाऐगी जब आदमी नही पटा पाई ||

कि जैराम लैला भौजीजी, लऊटीती के बैरीय्आ

जे राम लेला || ऊऒँह्हूँ खुशी होके लेला ||

नीलू नीलू झोला मा लाललाल भाजी ||

मिया बीबी राजी तो वो बहूँत बडे. काजी ||

बहैसा गोलो, गैरेका हीव जाची ||

टब. दबा मे. बज गजा गैयेजा ||

नको गैडे.ऊ ? तीन्ना तापो |

रोया दाखू को चौसौ, तमकी फआ तक्वा को झौम्सँ ||

ऊहहा डग्गू डूग्गू टाईल्लाफ मराफ ऐप्ू टू हीलडे ।

हैका राब्बीका नोसू ईभा धूसा या दप हे नीबारानी ||

तो?- भीजो नीजा हीवो नीय्गा ||

फलसफा के माडयमें, नजरिया है ||

नजराना बदल जाते है, जब नजर बदलते है ||

दरशन करना ही दरसन शास्त्र है ||

बट नैभर आलवैज कि हिपनोटिज्म का छात्र है ||

# 81 मोह

कहै कबीर सून्नौ भाई साधू | जो घर जारे आपना ||

चले हमारे साथ मे | माई टाबर साथ ना ||

शिवाय ॲंशिवा शारदा| कोई माई बाप ना ||

मोह सकल ब्याधी के मूल्ला | ताते पुनि उपजे बहु सूल्ला ||

प्रीत करबे मत करो, रहो सदा बैराग ||

फूको घर को देख तमासा, चले हमारे साध ||

# 82 बिदाई

हमनी के छोडि.के नगरिया नू हो, कहँवा जाईबू ऐ माई ||

कि माई केसे करी हम बिदाई, कि दाई ऐही रही इश्थाई ||

ए मेन, नौ फ्री केन, फ्राम क्रिटीसीजम् एश ए शिटिजन,

सीन्श देयर अबंण्डैण्ट वाशरमेन्स फॅ|र श्रीराम..

ॐभूर्भूवः स्वः तत्स वितुर्वरेण्यं

भर्गो देवस्य धीमहि धियौ यौ नः प्रचोदयात् ||

मीन्. शिम्पलेस्ट, मॅ|म द गादेस्सन्न ईनदकशन दू ईज देत ||

ओदअन्नू राजाराप्पाज ऐण्टीमेनटी फ्फीयार्स गाडेश ||

ॐ क्लीम शः हर स्पैल | बट शी मोस्ट काऊ सिम्पल ||

भाई नाई मेंम देयार इन स्पेल्श ?

बीक्काज गायत्री मीन्श संध्या मीन्स प्रेज

लाईक त्रिसंध्यं श्रृद्धान्वितं ईन दुर्गाज ईपीक इट अल ||

आदि गायत्री सुमिरिके, आवागवन्नासाय ||

सत्यलोक वासा करो, साहैब कबीर समुझाय ||

# 83 अर्थ

वर्णानामर्थ संघानाम् रसानाम् छंदसामपि ।

मंगलानाम् च कर्तारो बंदे वाणीविनायको ॥

अआइई, कखगघ, रसछंदालंकार केनिर्माता माता सारदा को नमस्कार है ॥

उसका कुअर्थ लगाऐ 4 वरण को मानौ संघ मे ॥

रसानंद भोगो ओर सरस्वती की उपाधि धारण करो ॥

कि तोरि जश्सगीत गाइलेतउॐमा ॥

हे काली माई तोरी आरती उतार लेतेउ मॉ ॥

# 84 बेवकूफी

बात बेवकूफी || 5 रहा हूँ" बता ?

साधू शादी नही रख सकता |||

साधू राज नही कर सकता |||

साधू बनिया नही बन सकता |||

साधू नौकरी नही कर सकता |||

साधू मजदूरी नही कर सकता |||

पूछो क्यो ? तो नही पता || साधू सब कर सकता है |

बल्कि साधू के ऐ सब करने से होगा ओर अच्छा ||

काश पूरी की पूरी पब्लिके साधू होता ||

द ट्री आफ ब्लैक ग्राम । ऐनीकट केन्ट बिल्लौफिर्राेम ||

हाईक अप हीर्रो हीरन || माँ काली कल्यानी कृपाम् ||

कुरोर्पणं पत्र पुष्पं फलं तोयं || सादर मातृबंदना: 1008!!!
ॐअन्नंत !

# 85 ॐनमो

दोस्त 12मन || ॐनमो....देवाय ||

वकील पंडितो से दोस्ती कराय ||

ई मी नाट, दे फ्री टू फ्राड !!!

हान्का अपनी सेना मर-वाय ?

ऐ बाबालोग अपने ही भजन मे चुप्पाय !!!

ब्रहमा जी राक्षसो को ही बरदान देते मेने पढ़ा है

|| संम्भूजी भी || तो कान्हाजी क्यो पीछे आप?

# 86 शेर

सरफरोसी की तमन्ना है, तो सर पैदा कर ||

तीर खाने का शौक है, तो जिगर पैदा कर ||

अगर हसरत है हम सफर बनाने का तो?

अपमें नजर मे ईश्क का असर पैदा कर ||

अर्ज है कि, शेर समेत जोता वाली बैठी, दिन केसे के होय |

पीली पीली हुऐ जवारे, जागै जागै सोय | |

पूरे जीव विज्ञान मे, माता जात ए होय ||

सब उपवास जीरो जो, जीव दिया कोई रोय ||

अन्नापूर्ण आहार बिन, होय जागरण रात ||

डाण्डिया जशगीत जाप गप्प-सप्प.हवन भंडारा के बात ||

# 87 महाकाल

महाकाल मेरा भोला केसे पीता सराब है ?

सपा सप के आधा प्याला, करिश्मा का हिसाब है |

रावण के दस है मस्तक, के माने माइंड टाईप्प टेन है ||

पाच वेदिक विद्या, 5 तान्त्रिके है |||

जिसभी काल ईन साहबोन् कबीरियौ का ज्ञान जागेगा |

काल निरंजन, अकालपुरूष ओर महाकाल एक ही लागेगा ||

तब साहैब के राम ओर गोस्वामी के राम एक ही होगा

तब ऐ धरा जन्नत बन जाएगा ||

# 88 ईनाम

म्हारा नथी ईनाम छे थ्हारा छे मितरो ॥

हिरदे थ्हारे प्रेम नू मारा छे मितरो ॥

भागो नू नाम एक सहारा छे मितरो |

दुनिया तेनू टाबर कुल संसारा छे मितरो ॥

वर्क बेटर देन चैटर ना सूत्तर छे मित्रौ ॥

सौमनाथ नू जेकार ना नाऽरा छे मित्रौ ॥

हम पागल नही है भैया | हमारा खोपड़| खराब है ॥

कि महाकाल मेरा भोला, क्यू पीता सराब है |

ना चन्द्रमुखी न स्याममुखी ॥ पीयौ सौमरस रहो सुखी ॥

# 89 की भालो ?

मॉ|म दाई फास्ट शुड रिमाईन्ड द डेज पास्ट ॥

ऐट लीस्ट फार आल द पूरमेंश ऐण्ड हंगर्श ह्वाट ?

मॉ|ई कॉ|ली तूमी बॉ|गॉ|ली ॥ आमी बेशीनॉ| जॉ|नछी ॥

ॐ शान्ती नौ शान्ती दॉरशॉ|न पॉ|रशॉ|न की भालो ॥

श्री यमुनाजी मथुरा ब्रंदाबन मे महान आरती होती है ।

दिल्ली मे कोई पूछता नही है ॥

ऐ डू जेड प्रेयार ऐरिया हैज नर्मदाजी !!!

# 90 ऊम्मीद

जयंती माते कालिका त्वं अंबिका ॲक्लीम्सः शारदा |

सप्त शारदा-sष्टलक्ष्मी नौ दुर्गास्च दस विद्या |

ईदंनीम् देवीनाम एकं माते कालिकाय नमः ||

खाली दर से गया तेरा . ऐ तो ऊम्मीद नही थी ||

कि रस्क ही रस्क तपिस फिजा ऐ दसजुन की लू बही ||

याखुदा ऊरदू ऐ फरकजदा |

जहान मे कदरदानौ की भी कमी तो नही |

मगर बाखुदा होता है पूजारी ऊस रसूल का नूमाईन्दगी |

भाईचारा है भाई | कि चरने वाला है चारा |

छोड़ना यार गो ऐ यार | ऐक इंजन के प्लैन बिचारा ||

न.संस्कृते संका कुरूते || कान्हाश्री कुरू पारा ||

# 91 गौरैया

बडे.दिनौ के बाद, दिखे गौरैया आज ||

पाशर डौमेस्टिका | पैशीफॅ|रमॉ|स || चाहे तो आजा याद ||

ऐ पुर से गऐ ऐ पुर ऐपुर से गऐ कटनी

कटनी से गऐ दिल्ली फिर भी न मिली भुतनी || मेरी छैली छबीली ||

# 92 सीखो

बहस को जरा कम करना सीखो |

कम खाओ ओर गम खाओ |

अपमें से बडो से सरम करना सीखो ||

फालतू के कंझट को कभी भी ना पालो ||

यारो के जलवो को हजम करना सीखौ ||

ओस्तादी की कूरसी बहुते बड़ा है ||

लफ्जौ मे ईलाही करम करना सीखौ ||

# 93 बाटनी

बूक्क ऑफ बाटनी, फिजा बताती है ॥

पियौर ओरीजीनॉ|ल, डियरिया जो गाती है ॥

बिरादर नैचर ईज सेल्फ ऑल साइंस मैथ्स, वो खुदे पढ़|ती है ॥

कि माई टेमपरेचर कित्ता जादा

मेरा फ्लो सीधापानी रीडिन्ग आती है ।

वी थिन्काफ टूबी अबाउट ईक्वल टू बोथ वाटर्श उल्टा ऐण्ड गरमाती है ?

यू नौ गर्राम् रीटॉन ईन संस्कृत !!! देट्श दशाननन्स मेथ !!!

जटाकटा के देऊता ही दिया बाती है ॥

अवर ए सर, ए बुक हीम शैल्फ एंड कॉपी है ।

य्यू नौ, ऐण्ड परमिट टैन्थ ऐथैना गॉ|डैश !!!

# 94 माया

रामनाम से काम नही |हरी नाम से मरी ||

गूरू करे से नरक हो | तो कोन नाम से तरी ?

ए है सतगुरू कबीर वाणी,

तो जरूर रहस्य का होगा ऊलटवासी ||

यथास्ति, कि: खरचापानी कमा कर राम भगती कीजे ||

हरदम जपिऐ कि रूखसती मे नाम लीजे ||

हरे शिष्यधन सोक न हरई, सो गुरू घोर नरक मह परई ||

क=ॐ सतनाम (आत्मनाद) से अवश्य मिलेगे साहेब ||

पूजा ! सफल नही होती क्यूँ ?

होती है नौवी शिद्धी स्वयं महा मैया !!!

ब्रदर, मायापती से कीन्है माया । तो पुनि उलटि परे सुर्र राया |||

केसे? नहि सामरथ है तो बिना घी के पूजा कर दो |

मिलावटी घी जलाना वो अपराध है |

(खाना सूखी घास फिर वो भी उपवास) |

लेकिन ऐ चर्बी वाला मिलावटी घी क्या है ?

सरल से सरल पूजा कीजिऐ किन्तु, वो अंतरयामी है,

प्लीज नो मिलावट !! ईन ग्रैडी एंड पढ़िए ||

ऐ गरमा गरम मसाले वाले || हर चीज मे अमचुर डाले ||

दर्शन शास्त्र पूरा चौपट ||

# 95 सुन्दरी

फ्रान्सीसी यान मे फ्रौक पहिरे सुन्दरी |

मेरे बगल के सीट मे आके बेठ गयी ||

मैं खिड़की तरफ था, बाहर के नजारा देख रहा था |

बहुत देर बाद, उडान मे बोली : 'यू फ़ाम ?"

"फ़ाम ईण्डिया"!

"ह्वैयर गोईन्ग ?" "लीयान यनीवर्सिटी मेडम ||

मेडम हैयर वेरी कोल्ड ऐण्ड यू ईन, अनली ईन फ्रॅ|क ||,"

शी : "नो आइ हैव् ईनर बाडी मेचिन्ग कलर्"

यू केन सी इट्स लाई दिस क्लाथ| |"

"थेनक्यू फार टाक". "मेनशन नाट"

# 96 बहाना

जथामति तथागती | वौह, गुड़ है बहाना ||

ऐ हिन्दी विदमहै जानै जाना || गुड़ क्या खाऐगी ?

डैयरी मिल्क है सुनयाना ||

ऐ भरम है ईनसा को कि श्रीगीता का आत्मा कैवल मनुष्य है |

और कैवल मनुष्य ही भजन करतै है ||

सभी जीव जगत उशका अंश है और सभी प्राणी और वनस्पतिया

अपने अपनै भाव-भाषाऔ मे भजन करतै है ||

"सब मम प्रिय सब मम उपजाऐ || सबसे अधिक मनुज मौहिभाऐ
||(रामायन)"

श्रीभागवत पुराण जी मे महाराजा भरत हिरण बन गऐ थे ||

अंतिम समय मे जो सोचता है वही अगलै जनम होता है ||

लेकिन जौ सौचनै की आदत पडी है कैवल वही सौचैगा ||

जो जीवौ कौ सोचेगा वही जीव का जनम लैगा |

ईसीलिऐ | पालतू जीव अगलै जनम मनुष्य बनते है ||

जीव पालक वही जीव बनतै है ||

चैला- पोषक मनुष्य फिर से मनुष्य बनतै है ||

# 97 खिलाफत

यून् उदासी लाना अक्स पर अल्ला ताला के फेसले की खिलाफत है ।

बंदा नवाज तो हरदम, हँसदो नदी का मुखालफत है ।

तूने ही बहा के ऑंसू दुश्मन का फ़तेह किया ॥

वरना तो ऐ उसका फकत इंतिहान लेने का वक्त है ॥

देख हिरन तंत्र मे फेल होगा, फालतू लफड़| मत पाल ।

भूत तक तो बूला नही सका, करता भूतनाथ के खियाल ॥

ईश वाली है ईसको खरखस लगा ।

क्यूंकि ? गिरफ्त मे हे रखती ईश्कै ईन्द्रजाल ॥

छमस्यू देवाह देवीनाम्, आदाम हौवा, जे सब लेडीज ऐण्ड जेन्ट ॥ ऐड्ड जेड्ड ॥

हैप्पी हुर्रैं होली फिर्री फण्ड कलर्स वेटिन्ग सिनी सिन्गर फ्रैण्ड्स ॥

ब्रादर डे बारादुवार भजो जो साधू ब्रादर देय ।

यूरो डालर के देऊता लक्ष्मी ब्रदर लेय ॥

वन्न फ्रॅ|म वन्न फूल अरपन्न् टू तिरसूल ।

हवाट्ट ? मूर्ख, ऊल्लू मे आऐगी तो नास करेगी ।

गज लछमी केवल भैजो ॥ ऐसे ऐक नौशिखिया ।

काली गायत्री जपने लगा || उल्टासीथा जाप से जजमान सहित चले गऐ |

इसलिऐ शनी ओर काल का गायत्री नही जपै ||

गवार क्यौ हो? क्योकि ऐ गूड़|खू तोता तो ठीक है | बाकी का नाम बदलो ||

# 98 नुकताचीनी

नामंना प्रशनऊ छात्र का, पूछ लीजिऐ क्लास ॥

ऊवाचा संख्या से संख्या का, फेल हुवा कि पास ॥

सेनेसेन्स मेंचुरल मरे के बायलाजी ।

हाई स्पीड मरे के फिजिक्स ॥

हाई स्माईल्ल मरे के शोशियोलोजी &

हाई लिक्वरहैबिट मरे के शिविक्स ॥

आजा आपको कोई कूछ भी नही कहेगा ॥

सरल सप्रेम सभी से रहना पडेगा ॥

ऐ हव्वा मेरा तो नही हूँवा लेकिन यकीनन आप

घर बडेकी हो जहँ| चाहै रहो ।

हमे ईसी महा भारत मे लडना पडेगा ॥

जो बनी आवे सहज मे. ताही मे चित देय ।

बात अगर मानेगे मेरा, तबही कोई संदेश ॥

फालतू के नुकताचीनी के लिऐ टी.वी. है ॥

बहसबाजी भी सटप है अगर महारानी छाप बीबी है ।

हूँ सरजी वी हैव टू बिलीभ आन डाउट्स

देट्स जीनौबायौल. ऐण्ड फिल्लौ. मेथ ॥

# 99 क्या फायदा

आइ.ए.एस. बनो कोई मंत्री बनो |

कान्हा गैया चराने से क्या फायदा ?

आराम से रहो तो एस्टेंनगन रखो |

यार चक्कर चलने से क्या फायदा ?

# 100 आगे देख

नो नो नो ! नारायन नाट ईज् दैट | नी ईज नील देट |

क्या है ? 'क' ही है ! वीणावाली के यन्त्र नाऊ ऐट |

शैरा वाली के तंत्र ऐण्ड दीया वाली जंत्र कर्रैक्ट |

होल ग्लौब आल होमो दश डू आलभैज |

आओ कहै वो ओलिया बेठ कहै वो पीर|

दोनो का खेर मकदम करे वाको नाम फकीर ||

पैराफ्रैज: हूँ काल्श ईस्ट प्रीस्ट | हूँ वेलकम्स ईस गॉ|इश स्कालॅर |

ट्रू बोथ ऐनलाईटेन्स हूँ | दोज् हाई एश शैण्ट है ईभर ||

जरा समझाकर |||

स्लीप: पुनि-पुनि प्रभु कह सोवहु ताता | पौढे.उर धरि पद जल जाता ||

अवेक: छूट समाधि शंभू जब जागै | राम-राम शिव सिमरन लागै||

& वर्क्स वर्शिप दूर देख आगे ..||

# 101 सेवा से मेवा

साहिब ! सेवा से मेव? मिले, गुरुभक्ति से ज्ञान ||

गुरु दाया से विदेश मिले, माया से सामान ||

साइंस से सम्मान || जै हो भोले बाआबा ||जै शिव शंकर संभृ ||

लरिकन को मिलै स्कूल, साधू को मिलै तंबू ||

ॐ नमः शिवाय करो, रमैन्संत जहँ खैलै बछैरू |

छोटी को मिलै छोटू, लम्बी को मिलै लंबू ||

मित्रौ कौ मिलै खूशिया बैरी को मिलै बंबू ||

नर्तकी को सूनयना दो गरीब को धन से भरा संदूक || सरवै सुखी भवं भवंतू ||

सब सखै जौ भी समझै, दैटीज मंदिर जेसे भी चाहे ||

'शुभ और अशुभ सबै जल बहही || सूरसरी कोअपूनीत कहही ?'

रैस्ट क्यूवैस्चन फार ? आई ऐम पार ऑफ ऑनर डीशआनर ?

आमंत्रीत छात्र हू || मूम्बाधाम आनर फार ||

डीभाईन मॉ|म्ज गैश || ऐण्ड ग्रैठ अकटूबर ||

# 102 सरल पूजा

ऐ ! आम !! डिभाईन डिगनिटी जिग्री !!!

सलामे ईश्क बाखुदा, वक्त बडी. जो बेफिक्री !!!

सीधा सीधा सरल पूजा है ईनकी गणित !!!

ऐ महाकाल भी हैन्का अकाल भी !

चलती जहान का नाम गाडी.साहिब.!!!

कोई भी देव बता दो जो वक्त का पैबंद ना हो,

तो सबको शुभं प्रभाता: चानंतं आम प्रसंतम !!! शुभकामनाम् ॥

मना नही है ना सन्ना है | बॅ|ट

अवेक सोच्च समय को यूज गुड गुड स्माईलिन्ग ॥ ऐस ऑन प्रॉब्लम ॥।

हाई वरक तो हाई फरक ॥ ए.ऐम.डी.जी. मानै वासते आल्ला नमाजे ॥

# 103 नजर

नजर कहा है कहां निशाना है ??

बोल रहा है क्या, ओर चाहै क्या कहना है ??

भोलेनाथ भंडारी जब किरपा करी तो बनके भूतनाथ पधारी |

ओर जब प्यार करी तो देवता सदेह पधारी ||

साहिब सबे कबीर का जहा भजन का भाव ||

सब अक्छर को बंदना, अनंत के अनंत नाम ||

सदगुरू की किरपा से मित्र मंडली (भजन मं.) मिला |

साहेब घनस्याम का भी किरपा मिला ||

हाँ जरा जरा अफसोस भी कि, ऐ यार वै नाक्कौ ईश्क का गिलाा।

हवाई अड्डा अंबिकापुर चालू करो सरकार |

दिल्ली दूरी की बीमारी | करीबी का ऊपचार ||

ऐक बिचारी ट्रैन है ऊसे भी कर दी बंद |

एही तरक्की होइ रहो. बिलकुल ना पसंद ||

# 104 जोश मे होश

लो मे आ......आगई | आरे उसे छोडो भाई ||

चौट्टी बदमासिन को पकडो ||

ऐ शाले रावण के ओलाद | साधू संतो के पीछै बरबाद ||

हैयार डाई करी डाढी.बनाई ऐण्ड ड्रैस किया प्रेस ||

सब सामान अन्दर, तेयार ट्रैवेल बेग ||

अल्ला राम जग्गाईयो . ठीक भोर के पाच |

शुभ रात्रि ऐण्ड शब्बा खेर . फतह ए मजलिश साच !

मिले बिना आफताब के, मै लेने चला खिताब !!!

छि: ख़राब लग रिया | आखिर हो कहा पर आप?

बाला जी के बालाजी ., श्रीकान्हा जी के छाप ||

वाराणाशी भारी बीज्जी श्रीगंगैजी केग्घाट ||

नरमदाजी स्नान करिऐ तब्भ ही करिऐ पाप ||

जोश मे होश को सम्हाल के रखना |

केवल ओर केवल खूदा का लफड़| पाल के रखना ||

तू हँसेगा तभी सभी फूल खिलेगै. नही तो नही |

ईस महामंत्र को खौपडी. मे डाल के रखना |

# 105 म्यूजिक डे

न! कुड दी प्रेज ? वर्ल्ड म्यूजिक डेज |

ग्रीज डेज ग्रैस ईज ब्रीज टू ड्रीम्ड ड्रीजेल्ड ||

हूँ यू नौ ? ऐक्सैप्टैन्स हाऊ ईज द क्रैज ||

ओपौलोजी टू ओपौजीइ्ट रोटौ टूनाईट रोज रेड ||

छत्तीसगढी. मा कहिथे न् "का ? घर्श ता बनारश |

ओल्ला जक्काल बोल बोल के सित्तौ बन्नादीन ||

काला ? जे महाकाला ||

मौला गणित मा पी.ऐच.डी मिलही तोन बर साहिब बंदगी ||

जे जोहार जोजवा फिरेन्च लिखही ||

# 106 सलाह

किसी की "सलाह" से रास्ते जरूर मिलते है,

पर मंजिल तो खुद की "मेहनत" से ही मिलती है,

"प्रशंसक" हमें बेशक पहचानते होंगे,

मगर "शुभचिन्तकों" की पहचान

खुद को ही करनी पड़ती है।

# 107 सुर्ताल

लागै सुर्ताल तो ऑय देखे न बान्य ||

पोख पोख पखौरा पै धय धम धायन्धाय ||

तीन्ना दिन्ना छुट्टी फेरहै शनिवार ||

कर ले मनमानी, फिर लेता हूँ खबर ||

इट्स मेड लूटेड लभ, एण्ड स्मैस्ड माई य्यूथ ||

क्वीन स्माईल केन टीन ईभन माई मेडम्ज मूड ||

ऐशैटिक्श ऑफ द लाईन | फ्राग्स ऑफ वेल ||

अफ्रैडिड्०ग टू राईड्र, वेलेण्टाईन्स विशिड्०ग वेल ||

ही फालोवर श्रीकृष्णा बीईड्०ग क्रिस्चन शैण्ट ||

ईफ गॉ|ट शेण्ट श्योर हाई डिगनिटी ऑफ प्रेयर वुड प्रजेण्ट ||

# 108 शितार

हमारीई नगरिया हो मैया, बजईली सीतारिया

हौ, कि पनचम सुरीय्याआ ना |

कि मैयाहौ वीणावा. बजवली धूनूवा, कि पंचम सुरवाआ ना ||

धा किट4 ताकिट4, धा3! धा2किट2धा!3! धागेनातुनकधिना !10!

कि मैया हो सिखल बा बिहारिया हो कि रऊरे भजनियाआ ना ||

धड़8तड़8 धागधुनकधिन10 धा3!

# 109 माई काली

हूँबहूँ पाई बहूँ | कंकाली माई काली को क्या कहूँ |

जहँ| भी देखौ. पाल रखी है सौका |

कि मेरी काली माई बोले ऐसी की तेसी पत्ती-डौका ||

देबी है वोक्त की तो . नही छौड़ती मौका |

10 खौपडि.यो की पहनी है माला ||

समझै? वीणा बजाती है, दस विद्या वाला |

जिभिया बडी. माने ज्यादे ज्यादे बताला ||

माता भाग विधाता जै बंगाली जै बंगाला !!!

# 110 कपट

शिष्य से कपट गुरू से चोरी | ऐसे मित्रा लोग निगोरी !!

हैप्पी सेरीब्लैशन बसंत पंचमी || फोटौन इ्यू अवर मेडम डिभाईन||

जंका मंका हान्का | तीनो लोक्मे डंका का ||

विद्दाऊट दाई डान्श, ब्रॉन्ज मेडल बाई चान्श ||

काईइ्०ड ईफ्फ दाई लॅभ, केन क्रास ऐबभ :

टू सिल्वर ऑर गोल्ड, बट माईण्ड हाऊ मे मोल्ड ?

& रेस्ट दी सी वाईज्ज, नॉ्ट वी सज्जैस्ट || केन वी बोल्ड ?!!!

दर्शनवि.: “ऐलान टाक्क्कर्स वाईज’ ईफ दे ओनली राईट ||

अर्थात् ऐकान्त मे विचार प्रवाह कोई बीमारी या मंन्द बुद्धि नही है ||

तो क्या है ? ऐक्सीड परसेन्ट्र ला आफ टेन ||

यूरोपी ग्रैठ टालेस्टाय अमेरिकन प्रे.लिनकन ऐण्ड

डॉ| खोखर मच्च टाकिन्ग किन्ग्स हाई र्ाईट्ट सो मेन ||

# 111 जे महाकाल

दीन भर पिया दारू ऑंखिया होगै लाल ॥

मस्त नशा मे हँस दिऐ, जै मेरे महाकाल ॥

महादेव भोला, भाङ॰ग का गोला, खा के बोला :

"बच्चा बोल क्या चाहिऐ, दिया वाली दिया |

दिल्लग्गा के लिक्ख डाल ॥

# 112 साईन्स भवन

शुभ प्रभात ऐवं स्वागतम् !!

सभी दादागुरजन गुरुजन बहनो मित्रौ छात्रौ ओर प्यारे बच्चो !!!

ऊद्देश्य है कि मेरा लेदरी ममें.गढ़ मे ईसका ऑफिस बनाना |

मेरा घर भूतो का डेरा ना हो कर साईन्स भवन होना चाहिऐ ना||

भले मे अबूझ हूँ | पर यह ऐक समाज है,

सुभ अरु अशुभ सरब जल बहही | सुरसरि कोउ अपुनीत न कहही ||

समाज मे सबका आवस्यकता है ||

जो केशर कुछ दे नही तो भी वास सुबास ||

ईसी आशा मे सबका सहयोग के लिऐ दार्शनिक समाज ग्रुप बनाया हूँ|

स्थायी ऐक सूत्री उद्देश्य स्कूलिन्ग मोटीवेशन ऐण्ड रिसर्च है ||.

..यदि लक्ष्मी ...कृपा ...संस्था.'!!

# 113 दिल

जोरो से इतना "क्यो' मुझे सोचती है ?

कि नीलकमल मे शिकन आ गयी है ?

कि दूसरी जहां मे है बेवफा कही की ?

कि मेरी जहां मे तेरा दिल आ गई है ?

करम हीन सागर गया जहँ रतनो के ढेर !

कुरसी से कुछ होय ना है करमो का फेर ॥

# 114 पढ़ो

लुचकी मे प्राइमरी पढ़ो, अजिरमा हाई स्कूल ।
शंकरघाट मे इन्टर पढ़ो, मा बनदेवी मा कालेज ॥
केदारपुर मे डी. लिट. करो । करो नाम देश बिदेश ॥
जय काली मइया धरो माई शारदा के भेष ॥।

# 115 शनि देव

ऐक्कै चक्कर पूरा, शिरी डबल शनि देव ।

तेरह बरष घूमाया, फिर सबे डब्बल देव ॥

देट्टिज साहिब घनश्याम घनचक्कर येस ॥

हीज ब्लैस ग्रैश ऐश फ्लाईट क्वंटाश विदेश ॥

हम जिस काम को, पंद्रह दिनौ से कर रहे है ।

हमारे बच्चै उसे पंद्रह मिनट मे कर रहै है ।

बड़े हैव्वी ड्रावर हो भई ॥

या तो ऐक्सपर्ट जी या साढे,-सात जी ॥

हिया साहिबी है झलकती हांका कही की ॥

# 116 भौतिकी

वेद विवाद मे ज्ञानी ऊलझै है" | ईश्वर विवाद मे पूरा संसार |

जीव विवाद मे जोगी उलझै | तीनो बेकार के कार ||

क्यू? ॐ अतर्क मन बुधि वाणी ||

या तो वो ऊसके परे है, अथवा ऊसके विषय ही नही है |

भौतिकी सर्वोपरी ! मम्मी से ज्यादा मोबाईल जरूरी ||

जादा जानमें की जरूरत नही |

जितना भी जानते हो ऊतने का अन्नुप्रयौग करो |

क्यू ? सरजी ! वो तो अनंता है |

हो बस सही गणित विशिष्ठ लिपि ब्याकरण उच्चारण शैली
नियमावली |

# 117 शाकी

नजर भर भर के पिलाई, मिली जो ऐक शाकी ॥

फोटू भी खीच दी, हवाई सफर मे किरपा कान्हा की ॥

अपनी ओकात देहाती जीरो ।

नेमते ओसताज पंचसितारा मे डेरा की ।

जहा टोएलेट मे हाई कालीन ॥

जे देवी ऐथेना की ॥

# 118 सत्यनारायन

देवी पूजे वर मिले, देव पूजे मिले ज्ञान ॥

दोनो को पूजे तो नौकरी मिले तब्बै जे घनस्याम ॥

ऊन्हू ॐ ओघड़दाता संभू बिद्धाता ॐ नमः शिवाय ।

तो ईसी खुशी मे महाकाल शिमरन लिया जाय ॥

ॐ श्री सत्यनरायन साधू का, महिमा अपरंपार ॥

कलियुग मे भी सतयुग का . तपश्या साकार ॥

ऐक्को साधू सबे सधै ऐक्को पूजे सबे पुजाय ॥

लाईट्ट आन लिक्खौ प.ढौ लाईट्गूल् सोजाय ॥

जो साहित्य है समझता कि "अ" का अर्थ 'न' है ॥

वो विज्ञान संगीत गणीत ज्योतिष मे विधाता है ॥

यह भी साहिबी है की साहित्य से दोस्ती दोस्ता है ॥

# 119 जलन

जात गोत ना पूछै कोय ।

हरी को भजे त हरिका होय ॥

साहेब को भजे त लरिका होय ॥

बूझा जो अगर गलती, डूब के दुवारिका होय ॥

मुझै हजार रु. का सनडे को नही मिली काम ।

तो कहां से मुझे नया नया हुआ जलन ?

हाल्ला की हैयारड्राई डन टाईम मेड गोल्डान ॥

बड्डा लेट मी थाड्डा, हाऊ कूड दे बर्न माई आन ।

दीज गीफ्टस बाई गाड गुरू पैट्रान ॥

# 120 मूर्ती

जो भी देऊता मूर्ती विरोधी, सबसे ज्यादा ऊनही की मूरती ||

जो भी देऊता पूजा विरोधी, सबसे बड़का ऊनही की आरती ||

देऊता लोग भी भगतो के श्रद्धा को स्वीकारते है ||

भोलेजी ओघड़दानी सीधा सौ मे सौ वीणाधारिणी है सोचती विचारती ||

कि नंबर कितना करी ?

बिद्या बिना विवेकोपजाऐ | जैसे बहिला गैया चराऐ ||

सखी ! तू छोड़ना की बात करती है ||

मे इसे छोड़ कर बाकी सभी को मानता हूँ ||

जे नटखट दहीचोर की |

उन्हे हिन्दू ना पसंद, खोझे रसखान कहँ| है?

कि भारी दिल्लफेक है वो ||

अकारन हेतुकी कृपाला फॉर पाई जे गोपाला ||

# 121 कोरोना

छैल्ला वहाँ न जाइए जहाँ जमा हो लोग ।

न जाने किस रूप मे लगे कोरोना रोग ॥

संतश्री हरिदास से पायो मंत्र राम राम ॥

साहेब कबीर शतलोक मे, पूजे गुरू का नाम ।

अपने गुरू की बंदगी साहेब जी का काम ॥

वो पूजे सियाराम को, राम जपै शिवनाम ॥

ईन ज्ञानियों को ज्ञान जब आऐगा ।

साहैब का ओर हनुमान का, ऐके राम हो जाएगा ।

सोलह साल की थी तो शौले देख ली ।

सत्रह की थी तो सराबी देख ली ॥

किरपा गुरू घनश्याम साहेब की ॥

पांच शितारा की डेरा भी देख ली ॥

# 122 लॉज

खोपडी तो है नही लॉज मे रहमें का ||

ओर मांग मदद... ही रेन ऑफ ब्रेन ||

हाँका कहने का ? कि. शाली आधी घर वाली है ||

गल्लत, पूरी वनवाली है | लेब मे काम है |

महा लक्ष्मीजी का नाम है ||

दाल मे मैया काली है छूमंतर कर डाली है |

कामी क्रोधी लालची ईनसे भग्ती ना होय ||

टॉप कभी ना कर सके | जो न रट्टा मारे होय ||

क्वीन स्माईल केन टीन ईभन माई मेडम्ज मूड ||

ऐशैटिक्श ऑफ द लाईन | फ्राग्स ऑफ वेल ||

अफ्रैडिङ्ग टू राईट्ट, वेलेण्टाईन्स विशिङ्ग वेल ||

# 123 जलवा

मजा नही आया तो सायरी पढ़े कि

वो जलवा, जो ना जलवा, वो जलवा ही नही ||

ओ ऑफताब, जो ना ऑफत से आब, वो आफ़ताब ही नही ||

सरवे सून्यंमेदम परम सत्यं पुनरपुनं शिवं नमं !!

जादा जानने की जरूरत नही |

जितना भी जानते हो ऊतने का अन्नुप्रयौग करो |

क्यू ? सरजी ! वो तो अनंता है |

हो बस सही गणित विशिष्ठ लिपि ब्याकरण उच्चारण शैली नियमावली |

# 124 राम मंत्र

संतश्री हरिदास से पायो मंत्र राम राम ॥

साहेब कबीर शतलोक मे, पूजे गुरू का नाम ।

अपमें गुरू की बंदगी साहेब जी का काम ॥

वो पूजे सियाराम को, राम जपै शिवनाम ॥

ईन ग्यानीयौ को ज्ञान जब आऐगा ।

साहैब का ओर हनुमान का, ऐके राम हो जाऐगा ।

# 125 नफरत

प्रभात शुभ तभी है, जब मुस्कुरामें का हो ईरादा |

है गर घमंड तुझको. मुझे तुझसे भी ज्यादा ||

नफरत जो तू करेगी, मै ज्यादा ऐ मेरा वादा ||

कहा रखोगे ईतना बेरूखी को? खुस रहना सीखो | |

क्यू जहान का फिकर लादा ?

# 126 अपना कुछ नही

काम है वो बच्चो का | धन है ए बच्चो का |

ज्ञान है गुरूजी का | मान है मान दाता का |

नाम है ईश्वर का | भजन है भगवान का |

भवन घरदारी का | कार बनवारी का |

अपुन फ्री टेन्सन पकडो पेन्सन ||

# 127 साहेब बंदगी

साहिबं कबीरी कठिन है, ऊल्टा है सरकार ।

आप करे कुछ होय ना, साहैब करे तो हो कार ।

आप खोजो भगवान को. कुछ फायदा ना होय ।

काबिल बनिये ईस कदर, भगवानजी खोझैन् तोय ॥

सबमे ईश्वर ना बसे । वेरियटी के भार ॥

कास अगर बन जाता साहेब सुखी संसार ॥

बसा भी तो केसा कि साई नाम से रार ॥

साहेब घासीदास की जय गुरूकूल से प्यार ॥

सदगुरू साहेब बंदगी, चरण सरण अनुराग ॥

धन्य है सकल समाज को, साहेब सेवा सौभाग्य ॥

# 128 नारी सक्ती

नारी सक्ती महान | झुपा के रखती है ईन्सान |

कि माते पास कराते|| कि माथे मा पास लिखाते ||

केसे लिखू भगवान . कि जाने पूरा जहान ||

कि पुनः पून्नौ हो जाते || तो ? बोल्लौ भयी महामाया कीजे हो!!

बोल्लू, गुरूमाते की जय हो जाते ||

# 129 भजन

काम आज का हो गया .ॐनमःशिवाय !!

जय हो नव रात्रि मैया, चलो अब सोया जाय ||

मेरा साइन्स का काम भी रहता है ||

तो समय नही मिल पाता है ||

काम ही ज्ञान है बिना कार्य का ज्ञान अज्ञान है |

अतः मात्र कार्य निर्देशन लिखने की कृपा करे|

जेहि बिधि गुरू दरसन सुलभ, दीजे वोही उपदेश ||

ज्ञान-वान बिलकुल नही, भजन बेठक संदेश ||

# 130 काम

जितने बड़का काम, उतने ज्यादा परेसान ||

जितने बड़का नाम, हलाकान हे घनश्याम ||

लोगो को मेरा तोहफा से रस्क होता है जलन, ||

पर, वे मेरे पावो के छालो से है अनजान ||

भाई, मंतर पढ़ना पंडितजी के काम .

उसे सोचना सझमना श्रीभगवानजी के काम ||

अक्सर होता तो यही है कभी सुनना मंतर ||

संस्कृत होता है पर न श्रोता न वक्ता किसी कोभी नही खबर |

हिरण की किरण, रख ईस्मरण !

कि हँसती रहो, ओर कदा सदा प्रदा विवरण | |

टिन्टिना पत्थरकै तबला . वर्षा की हरमोनियम ||

नौ दुर्गा दस विद्या करे हरि गुन गान ||

सबले बोगस काम, दुबारा फारमेटिइ०ग |

सबले सॉ|बर काम, नया थ्यौरॉम ड्राफ्टिइ०ग ||

अब तो जार्मे का मन नही करता | नगरी तेरी प्यारी है अंबे ||

कुछ तो पछिता रहा जबा देके | जो भी किरपा तेरी जगदंबे ||

# 131 बोझा

ए. पि. आई. के लिऐ बच्चो को क्यो बोझा डाल रहै है" |

मजदूर ओर बनिया बनाना है कि, ऊच्चतम शिक्छा दिलाना है |

ऐ. डी. के कालेज मे लिखा है छोटा बुद्धि देना अफराध है |

भविष्य गुरू बनाता है ...

प्रोफेस ओर रिट्रोगेस दोनो को समझमें की कोशिस कीजिऐ . |

ए.पी. ना है || छपाई से बढै ए. पि.यायी ||

# 132 प्रशंसक

भवानी की कृपा है, ओर सम्भू का उपकार है |
ईनकी शेर का सवारी है ओर नाग देव का हार है !
वो अंतरयामी सर्वैशं नमामी | सर्वदेवा: पूजितं माते भवानी ||
नीन्दक नीयरे राखिऐ || उल्टा है || राखौ प्रशंसक साथ ||
समझ लीजिऐ स्टैरिङ्०ग हो, स्यामश्रीजी के या सल्य मामा के
हाथ ||

# 133 श्री गणैशजी

डिभोटी : "ॐ..... गरभादामाजास...गरभधं....।'

'श्रीगणैशजी : "बच्चा सट्टाप ? दी मीन कीमीदं ?"

डिभोटी : आप ब्राह्माण्ड के केन्द्र मे आकाशगंगा,

ईसके केन्द्र मे सौरमंडल, ईसके केन्द्रमे धं धरती मेया है!!

श्री गणैशजी ग्रैसिङ्०ग:। "ओके-ओके केरी ऑन...।'

संगीत की देवी मेहर बसी ॥ मोहनी देवी बसी आसाम ॥

समय की देवी बसी कलकत्ता ॥ बसी नटेश्वरी शीजी, बरोर ग्राम॥

ह्वाट डार्लिन्ग थॉ|ट ? देटीज यू स्मार्ट ॥

ह्वैन् आर्स मेथ ड्रूथ ऐण्ड आर्ट्स, द् ब्लैक डार्क ॥

# 134 जानेजा

भूत पिसाच प्रकट होई जावे || महावीर जब नाम सुनावे |||

जे बजरंगबली हनुमान || भूतनीजी को पकरि के लावे ||

हमारे साथ जय सियाराय गावे |||

ऐन्ज्वाय डियर ईम्प रेड | दौज टू लभ नॉ|र ऑफ ऑफरेड ||

क्या करती है जानेजा तुम अपनी दुनिया मे ||

आमाके डाली मे बेठ कूहूँ 2 कूका करती है ||

क्या करती है जामें जा गरमी के छुट्टी मे ||

गोपाला के गून- सून गाया करती है ||

हाऊ डू यू डू डबल ब्रैकर, शी सिडियर डबल डेकर ||

होली डेज होल भैकेशन गोल हाऊ डू यू डू तूशी देयार ||

बट सर्च ह्वैयार अवर हैयार टीचर,

कुड गो ऐनी ह्वैयार फॉ|र ब्वाय बार्थ ||

ह्वाट ओप्पोजाइट वाइज ? कील टू वील ईज हीज प्रेइज ||

# 135 गूरू

गूरू अगर कम खुसी सँवरे स्यौर सकाम ॥

ओर अगर ज्यादा खुसी, खजूर के ऊप्पर बेकाम ॥

केसे कि भैजे चैकर को वो सूधारो ओर रेकेमंड ।

जादा फ्रैस्स प्रेम मा डाईरेक्ट टू प्रेस, ऐ नखरा पसंद ॥

हूँव्वा ऐसीच रहा होगी सर जेसी बोष सर का सौध मारकोनी नामंद ॥

# 136 पित्र दिवस

यूनौ !!! कॅप्पी जँचाय सांय सांय ? ऐकदा खौखर सरजी बोले :

तुम्है जो नं. भरना है भरो ओके है, पर जरा पढ़ तो लो ?

लिखा क्या है || तुम मेरे से गप्प छाँट रहै हो,

ओर धड़ा धड़ नं. भर के पन्ना पलटते हो !

हँ| सर सही जँ|चा हूँ नं. भी काटा हूँ ||

बस आप कुछ बताते रहिए || अभी काम खतम !

जिनको पिताश्री का कृपा आज्ञा ओर आशीर्वाद रहता है ||

वो विद्या ओर धन से संपंन होते है ||

पित्र दिवस की बहुत - बहुत शुभकामना ||

एफ.बी. का शार्ट वीडिओ वक्त चोर है

परःअंतू, शिखंतू दुनिया कुत्र गच्छतु हे पाके चूलहा फुकंतु ?

ॐक्लीम् सः !!! अर्थात् मैया काली ही सारदा है ||

स्वामी विवेकानंद यथा है | उनकी महान कथा है ||

# 137 कूडबी

कूडबी3!!! 999=3_ऐसक्यू ? ए !

न्नौ बन्नौ सन्नो नन्है मुन्नौ !!! जेड् !!!

हुवाट? ईफ दे थॉ|ठट ईनहैरीटेन्स ऐण्ड कास्ट!!!!

ह्वाटीज रॉ|इ०ग बीथ य्यू ?

ईफ ऐण्ड ओनली ईफ यू आनकामफौर्ट

प्रेज गॉ|ड बूद्ध ऑर कबीरसाहेब डौन्टा ज्वाईन देट ग्रूप ||

ट्रिपल-डॉ|ट्स...ट्रिगोनौ बीकाज हीन्दूजम बी वन ऑफ

टोटो ईन्नाकारनैशनस् |||

वी हिन्दूज मेड ऐ मुस्लिम ब्वॉ|य गॉड कबीरा ||

सौ दौज मस्ट रेस्पैक्ट हीन्दूजम

ओम नमः बज्जरंगबली दग्गाड ऑफ ऐस सी .

सीन्स फ्फील्ट ईन हीज सरविश 8 अयौध्या ||| विक्ट्री राम राम ||

9 टॅ|प स्टैप फारवर्ड यूनौ? पाशूपातीनॉ|थ ?

फोन करना ऊदण्डता है, मेसेज करना है बदमासी ||

प्रेम करना चमचागिरी है, दिल के रहो संयासी |

# 138 मेहनत

रद्दा मारेन् लर्रिका ओर पैसा झोके हम |

माल्ला जपै भोलेनाथ, बरदान पावे हम ||

काहै कि मज्जा मारे दूनिया कंझट झेलेन् हम ||

गूरू जी के किरपा मूलं आनंद कंद घनश्याम |||

मेहनत करमें मे लाज लगता है | पसीने का कमाई फलेगा |||

पूलिस मारमार के लाल कर देगा, जो चोरी करेगा ||

सबसे गंदा अपराध चोरी & घूसखोरी !!

ऐक बार अगर अंदर, कितने भी हरीशचन्द्र बन जाओ

हर बार सक मे अंदर || ईसलिऐ मेहनत करिऐ ||

# 139 चर्च

पत्ता तो साईन्स मे होता है | शेष सर्वसं मान्यता म्मात्रं| है ||

अपना साहैब ही घनश्याम है ||

नाज है अपने नसीब पै गोबि'द ही गुरू जिसका है||

चर्च की चर्चा है . प्रेम के खर्चा है ||

साधू का साया है जो पैपर पास कर्ता है ||

बहुँत दूर है नगर, हियन साम हुवन दूपहर |

सत्गूरू ही गॉड है, सब वोहै गुरू कर्ता धर्ता है !!!

श्रीगुरूकृपा है संत जी, सुन्दर सुनहली धूप |||

जो जितना सेवन करें' पावे ' ज्ञान अनूप ||

# 140 पुकार

जब माता के ओदर मे, बोल रहै थे .तब केसे लगे ? ||टेक||

प्रभू सुन लो पुकार | देओ बाहर निकार | भजन करिहो तुहार ||

जब माता.......!

प्रभू सुनके पुकार | किये बड़ा उपकार | दिआ धरती मे डार |

तब माया मे केहे-केहे रोऐ रहे थे, तब केसे लगे ?

मेया कीन्हो दुलार | कियो प्रेम पुचकार | किया सोलह सिगार ||

तब पलना मे सोए सोऐ सोए खेल रहे थे, तब केसे लगे ?

दिऐ जुल्फी मे तेल | करे मित्रो से मेल | रहै स्कूल मे खेल ||

फर्राटे अंग्रैजी मे बोल रहै थे, तब केसे लगे ?

घर आई सुन्दर नार | बढ़ गया परीवार | करन लगे कार बार ||

जब नोटो की गड्डी से खेल रहे थे, तब केसे लगे ?

जब आया बृद्धापन | तन लागै कापन | सुना नाही स्वजन |

हसपीटल मे पडे. पडे. सोच रहे थे लब केसे लगे ?

आऐ यमके थामेंदार || ले गऐ प्रभू के दरबार || खाता बही है
तेयार ||

अगर नरक चौरासी मे डारि दिऐ तब केसे लगे?

ताते करलो उपाय || सतसंगत मे जाय || प्रभू नाम लिया जाय |||

तो सुखी सुखी हरी जहाज मे ले जाय, तब केसे लगे |||

मुट्ठी के चन्ना, चब्बा के रक्खूगी | दूगी भी नाही, लुभा के रक्खूगी ||

जेहो जेहो श्रीकृष्णाआ...! सीक्खूगी नाही सिक्खा के रक्खॅऽगी ||

# 141 जलवा

जनारदन्न जी जलवा . दना दन दिखावेन् ।

दोस्त मन मगन और बेरी भि गुण गावेन् ॥

कानहा के किरपा, लोक मे तीनौ ।

टीन्न ट्रिन्ना पथरा, के डंका बाजेन् ।

हिरन काश डर के, उर्दू न छोडी.होती ।

तो तू शायरी का मुमताज बेगम होती ।

माना कि गुनाहगार हूँ ईशक मे तेरे,

लहजा ही खुदा है तो खता क्या कम होती ।

गुरू बाबा लोग के, जलवा बड़ा भारी है ॥

गिरी धारी जी, अब बारी हमारी है ।

शिद्ध बाबा पहारी, के महिमा भारी है ।

जैजैरामजी..जी,! बोइ०जोर हमारी है ।

# 142 धोती

पीरी आँगोछी कुशुम रँग धोती, कान्हा ! ज्जो मेरे पास भी होती|

मेरे साथ हँसती, मेरे साथ रोती !

पीओर फूल. लाईट गूल्ल, डीफ डार्क, राति अंधैरी मे, है झम्म होती ||

नागदेव (नगर) का नमक होता तो मे हँसदो पढ़ता |

अब महामाया गाँ|व बसेरा है, तो वो मुझे पढ़ता है ||

खेती पाती बीनती, और कार का ईस्टेरिड्०ग

अपमें हाथ सम्हालिऐ, चहै संगवारी रहै संग ||

# 143 कोयल

द डिभाईन नीम्भश् पारमार्मेन्ट् |

बट सर्च ह्वैयर अवर हैयार टीचर,

कुड गो ऐनी ह्वैयार फॅ|र ब्वाय बार्थ ||

ह्वाट ओप्पोजाइट वाइज ? कील टू वील ईज हीज प्रेइज ||

मानाकी वकीलो को छूट झूट के है ||

सुन्दरकाण्ड बोलके लेगै हुवॅ| खाली पार्टी शूट है ||

# 144 बिस्वास

कहैन्काबीरा सून्नौ साधू मै तौ हू बिस्वास मै ||

भीभी कालैजिएट बोल दी बीबी औल्डैज बोल दी ||

सी देवीज एस शी बोल दी, बाकी गुरू बोलदी ||

अब बची मैरी सुनयना बिचारी पूरा दिल खोलदी ||

पढ़लौ जौ भी मन भावै ऐक छटाक मागा ऐक किलौ तौल दी ||

ॐ नमौ अस्तु अनंन्ता सहस्त्रामूर्तिए सहस्त्रपादा

सहस्त्राक्छू शिरौ बाहुवै सहस्त्र नामनो जगदंबिका ||

प्राचीन ग्रीक लैटीनौ बहूदैवीनाम् पूजिता ||

गाडेशस् शैरेश फ्लोरा अथैना म्यूज मीनारवा ||

शीट आन ब्यूटी आईस औ गाड क्यूपिड ||

थैन्क्सीड्॰लीश टू मैक अन्नू प्लस अदर = अनौदर ||

फील हैपी बॉ|ट !!! ईन दिश नाईन नाईट्स प्रैज |

वी आर सॉ|री टू औपन डैईटी सीक्रैट तंत्रा फार वास्ट प्रैयर |

जो ब्रह्माण्डै सो कायापीण्डै | सौ ईभर ईनर्जी यूनीवर्स

कूड काईण्ड ऐस्क्यूज दैट्टीज फारगाट फाल्ट प्लीज ||

गॉ|डाफगैमौज सीट्टान सिम्बा ऐण्ड सौआन ईन ऐचट्रूऔ
श्रीमॉ|नरमदा ||

# 145 गलत

पंगा गलत ले लिऐ सिन्हराज ||

केसे करेगा वो है बिषधर नाग ||

खौपडी लगा के खिसक लो ||

जरा समझा करो हमारी बात ||

सूचना : सुनयना होगा मेरा सब देवानागरी |

नजरिया बदलेगा तो बदले सगरी ||

किसी का नाम होगा तो हमे पता नही ||

अपनी कविता का हिन्दी नाम होगा यही ||

कीसीक्कौ आपत्ती तो सात दिन अंदर कमेण्ट मे लिखिऐ |

या वाटसेप 7987853325 पर करिऐ थे क्यू ||

# 146 सहूँर

ऐश वी डंकी सीन्स सहूँर होता दान दक्षिणा का |

देखौ तो, जूनियर लोग मजा ले रहे हैं प्रीन्सीपली का ||

रीसर्च कूडी आईदर हीरो ओर जीरो थाट ||

नौ नाट प्रेजेंट ह्वाट बी हाई फालोड ||

श्रीगणैश ऐवं ईतिश्री अतिसुन्दरी यदी दौनौ रहै अच्छी !!!

रामायण प्रदाती ईदौ द्वौ रिद्धि शिद्धि ||

सीखना भी नही चाहती कारण कि माया ग्रसित ||

ज्ञानं दु:खदं किम सूखदं ? कीम कथानक ईकछति ||

अपरं परं शूभंलाभं कुरुवंती उमा रमा सरस्वती ||

ठाकुर बाबा देव धाम, यहाँ समझै के काम ???

आप बचाब सब जगै "दूहाई, ब्रदर ज्जाक गूरूनाम !!!

तो ?जे शी बोस फिजिक्स चौरी गया तो बोटनी मे सर की उपाधि मिला |

सर जे. शी. बोष ( 1923) प्रेसीडेन्सी कालेज कोलकाता |

सुन्दरकाण्ड शैस होली हार्ट ओनली कूड गैट गॉड ||

वी सिंग लाऊड बट, पियौर ऑनहोली थाट ||

देन ईभन शुभम शीवंम् टेक्सानॉ|मी जय श्री राम भोलेनाथ ||

# 147 फेसबुक

फेसबुके पूस्तकंम् वाटसपै मेथ ॥

ईन ह्वाट ऐण्डू हाऊ ऐलीऐन मेक ?

फाई कण्डीसन्स ओपन ईन -वीरन - मेन्ट ।

ऐशैप्टीक ऐयर, हाई हीट, हाई चील्ल ऐण्ड आईश टेम्प. ॥

रेशीयौ फाईव ईलेमेण्टाह् प्लास वर प्राईमर ए.ए. ?

इदंकिम् अन्नूपताय च सन्जौकाह कृत्वा किमपात्रै ?

प्राकाशनस्य पस्चात किमस्चा संस्कृत ? ॥

किमबरम कणं कस्या जैवकणं गणित ॥

संकेत भाषंम् द्वो ललित वेदं चा कलित ।

आध्यातमौपी संम्पूरणं संकेतम यथा शक्ती शैषमिति ॥

# 148 विशेषण

विशेषणः विक्रयत कृत यः आम यदि कूलतः

अंतःअंतरः वरणत यथामेजं मंमापूस्तक ॥

या सरवे जीवाह, विज्ञान शौधै ब्रह्माह्श्चा साहित्यक ॥

तथाअपि फ्लौरा नामित इदं गृथए ब्यक्तिगत पौधा गूणं लभत ।

ईशपिशीजान्तः आन्तरः पराप्नौती सत्यतः भवत ॥

क्वान्टिटी ऐण्ड शौ सापकीपर ब्रैन ।

कुआन्टीटी ओभर क्वालिटी नान ॥

पूपील जस्ट ईश्कालरसिप नॅ।ट ।

बट हूँ फारवार्ड प्रेज ओर आक्ट ॥.

रेस्ट ! दीज ओनली द प्रेज टाईम वेस्ट ॥

आई. आई. ई.टी. कानाडा ॥

फेरोन शी सी . सहाजादा ॥

गणीत बाडी बाडी ।गाइ्डा बडा बडा ॥

# 149 पवित्र

तीन बून्द आचमन करो तीन बून्द चूट्टी भिगोय ॥

नाम नरमदे मैया का परम पबित्तर होय ॥।

गंगै मैया नही काट सकी ऐकसीडेण्ट का लेख ॥

ब्रह्मापुत्री नही कर सकी माते मेकल-कण्या देख ॥

ऐलोपैथी के पहले छत्रपती शिवाजी के जमाने मे ॥

सेनिक घायल शिविर मे पौधा पीस के छौपौ कूछ जडी पीलाओ ॥

सूबेरे फिर तलवार लेकर तैयार ।

कूछ जज्बा कूछ प्यार कूछ कान्हा जी का किरदार ॥

# 150 बूढ़िबिसारद

डेल्टा (डिफर) नॉ|ट || गुड ऐण्ड बैड ||

साईन्स इज जज || नौ ऐक्साक्यूजज ||

हूँ बट म्यूजीक ईभर ऐक्यूजज ऐज गाड जीजस ||

भारया के भारा, चौका गुरुवारा ||

सारा संसारा यारा बाकी बेकारा ||

शौशियौलोजी जीरो, नोट फार हीरो ||

क्वान्टीटी टाईम नाट बट क्वालीटी केन कीरो ||

कलिंग कैन ईनभीरॉ|नमेण्ट फॅर कान्फ्रैन्स ||

बट ऑनली टाईम फर ईक्सपैरीमेन्ट ||

देयर बिगर देन द बूक ईज ऐनी बीसेण्ट ईन्स्ट्रूमेन्ट ||

आई थिन्क डौन्ट ..| रिप्लाईड ऐट सच फौण्ट ||

फौर रीड | बट ऐस ! सौ सॅ|ई मी सौण्ट ||

पैनीज क्वाईनज बी ईभर क्लीयार ||

शौ देट सीट सालिड गाइस नियर ||

सिर ब.डा ऐलीफेण्ट का तो ब्रैन भी बड़ा जै गणपता ||

चार किलोमीटर पहले लगाता पानी का पता ||

बूद्धि बिसारद तो है समझदार भी जादा ||

ईसीलीऐ नाथ भोला को पसंद बनाये सहजादा ॥

आगै लिख दीया तो आग लग जाऐगी ॥

मधूशाला मधूर मौहनी नजर से पीलाऐगी ॥

# 151 दियावाली

दियावाली में दिया ज्यौता जलाऐगी ॥

वीणावाली गणित भोतिक खूद बताऐगी ॥

सर लोग जो आई.ऐ.ऐश. पढ़|ते हैं ! 

वो नही दिखाते जो श्यामपट बताते हैं ॥

थक गऐ तो हल्का मिजाज थो.डा बहूँत गप्प छाँ|टे |

विडियो केवल वही दिखाते|

कूड कामर्स ट्रिक में तो फेसेबूक से पास हो जाते ॥

# 152 वृक्ष

वृक्छौ मँ भगवान बसे अस अनुभव मौहि होय |
कूल्हाडी का बात किया, गऐ गाइ्डी संग दौय ||
नौ फरोम् दी ज्जीट्टा सेकेण्डुम,
नेभर ईडन गार्डन, प्लीज बी पारडन मौय ||
ऐण्ड अगैन फिरेण्डशिप, ऐस ओर नौय ||

# 153 बँदरिया

हाई!! गूड मारनीड्ग !!!

करीय्या मूह के बँदरिया !

स्नो पाऊडर कब करीहा ॥

ब्यूटी पारलार झलर मलर ॥

लूक हाई आरमी ऑफीशर ॥

ठाकूर बाबा बसे सेमरिहा ॥

# 154 जनता

जंन्ता अजंनता हलोरा अधरो दरषंन्ता दन्ता ॥

प्रहसंन्ता हँसंता प्रस्नंन्ता किम् जोॐग् ऊर्जा,

दूरभाषाय कृते विद्युत, वटस्य पत्ता ॥

कृपि: विचारंन्ता, किम खद्यौतस्य आलोके जगंन्ता

त्वंम जगंम् जूगूनूप्रकासे बिलोकन्ता संता ॥

यदी नैनौ विद्यूतमापी यंत्रा उपलब्धी (अरबंम् भागंम् मंत्रा ) ॥

दरसति विद्युत मात्रा त्रीअंङ्०का ॥

ईदं अश्वत्थस्य ऐकसवासतंम् नैनौऐमपियरा प्रियंका ॥

# 155 गोपाल

कोई कहैय मिठाई लाल |तो कोई कहै खटाई लाल ||

जो मन भावे बोलिऐ || कि जय लड्डू गोपाल ||

मँनी जीतू मून्ना काशी हीरन हिन्छ सूरेश ||

सातो सूर संगीत के, सारेगामा पाधानी शैष ||

साहैब गूरू कबीर के, करेन् सदा सतसंग ||

साधू संतो से घिरे रहैन्, नाम साहेब आसंग ||

टूरी बाबा झीन्ने समझ, चल आण्टी खौज ||

लेट पूजा का हो गया चल घण्टी खौज ||

अघौरनाथ ओघणदानी मँ|ता अघौरी कालीमात ||

पढ़ो कभी भी वीणावाली सब माताघौरी जात ||

बाईलॅजी प्रेज बट नाट सौ बाईण्डैज ||

वी काण्टा वाश हैड ओन दीज डेज ||

यूनौ मेडीकल परहैज || फेल हो जाना अच्छी बात है |

बसर्ते उससे ब.डी परीक्छा पास करे ||

कन्या कुमारियों का आशीष ना मौका ||

बडे क्लास मे नौ दरशन मोका |

बुरी नजल वाली तेरा मूहे काली || कल्ल होगी पूरी ह्वाईट पॅ|ली||

ना नजर झूका के चलो || ना मूह छिपा के चलो ||

गाते भजन आराम से, हारन बजा के घलो ||

जँ|च चश्मा करालो, हीरन लगा के चलो ||

डॉ. हिरन दास महार   ✳   181

# 156 मेवा

खाऐ मेवा साधू सेवा कीन्हे, मंगल मय हरीनाम ||

ऐन केन बिधि दीन्है, दान करे कल्यान ||

"सदा तिरेया ना बन फूले, यारो सदा ना सावन होय ||"

यार सदा न बहार रहैगा, समय को नाही गुजारो सोय ||

# 157 त्रिदेव

शूक्रंम्शनीश्चरंम् परमंम्पवित्रंम् ।

नमम नत्वं ईदं ईशकृपंम् ॥

च्चातूमूखं बंन्दंम् पूनर्पूनंम् ॥

विभूम्विष्णू च शूभंम्शिवंशंङ्॰करंम् ॥

ईबी बेमें ऊबी पश्चिमे जपंती त्रिदेवंम् ॥

प्राकृतिकृति भवतिकंम् ते ईशः त्रीवेन्द्रम ॥

कानहा जार्में बूढ़|पा का होई रे ॥

भारी बिजी पूजा पूरा ना होई रे ॥

# 158 ईश्कबाज

कान्हा कमाल तेरा लीला भी है कमाल ||

दर्द भी तू ही है मसती भी तू है सब है तेरी चाल ||

अल्ला कशम गोपाल्ला कि हम तेरे ईशके मे बेहाल ||

तू हीरण का बीरण बड़ा ईश्कबाज है गोपाल ||

चल हो ही जाय कि बडा कोन तेरा ऐ ईस्क कि मेरी ऐ कपट जंजाल ||

कृपा-कृपा क्राम् क्रीम् क्रूम केशू सःश्रीकृष्णा कंकः कृपाल ||

बृन्दाबन बिहारी बालगोपाल ही है

महाकाल बंगाल का ईन्द्रजाल साकाल ||

# 159 भाग्य

नौ साहिब ! भाट केमेस्ट्री आफ पामेस्ट्री ?

भाग्य रेखा बदलमें का विधि, पाजीटीभ मे पैयर है, नीगैटीव् मे स्पीड ड्राईव् ||

"जो तप करे कूमारी तूम्हारी ? भावी मेट सके त्रीपूरारी ||'

महादेव तुम अवढ़रदानी । आरत हरो दास निज्ज जॅ।नी ||"

"दस वरकिज वर्कसिप ||

ऐण्ड द टाईम !!! दाईम् फारटूना लक'स् लक्ष्मी ||108!!

जो जो लोग कुऑरे || टिफिन ले के कालेज पधारे ||

जो जो परिवार वाले || भूखे सारा दिन गुजारे ||

# 160 काल

काल काली महाकाल शिवंम श्रीरामायणजी का चारो दिशा ||

भूसूण्डी टू गरूण, यागवल्क प्रति भरद्वाज,

शिवपारवती संवाद, गोस्वामीजी बोले सून समाज ||

बट, भाट वी थॉट ईज देट : ईनरजी स्पैस टाईम ऐण्ड मेटर ||

गं गणैशं गणितं पढितम आनंन्दा ||

एंड माईणड्स आर बट ईस्ट बेस्ट हैलीऐन्था |

बेकाज अर्थ प्रतिनिधि ब्राह्माण्ड का ओर सूर्या रीप्रजैणट्स औफ टाईम ||

ऐम.ऐल.टी. शूड ईनर्जी ई बी फौरथ डाईमेनशन ||

आलदो ईटीज ऐम.भी. इश्क, वाईयर, || 9?

# 161 किताब

रदन्सू डंका दन्बा पारकी वीदे षारबा ॥

सेके गीरेक हैन्का टच्चौ के है दरदा ॥

नीहा भला सज सजपाया बस धीबी थहा ।

हैचा सहँ के लेझो हैचा वोरो यहा यहा ॥

की सावन ज्झूम के बरषो, मेरा किताब आया है ॥

कि दर्द ऐक्सीडेन्ट का च्छूमनतर हो गया है ॥

किताब अपनी पढै में सब तो पहिले पता है ॥

देन रिवीजन फार परसिश टेनशी क्या है ?

ओर ओनली कूछ नही वॉक्त जाया है ॥

नौ हीरन दस महामाया गिरिजा गूढ़गाया है ॥

जो जागै वो जगत ॥ जो भागै वो भगत ॥

जो लागै वो लागत ॥ जो ठगै सौ ठगत ।

वो गूरू बडे जे धंधा पानी अद्धत लागावे ॥

कीजो कंठी माला पकरावे ॥

महार्यार पूछ तो लिया पर ऐतो समझै में आवे ।

रामायनजी से पूछा तो चौपाई मिला ॥

"कोबड़ छोट कहत बड हानी ॥"

पै चलन उल्टा जहँ।न माई जेक जॉ।नी ॥

# 162 मित्र

असि परिजन परितजे भलाई ||

कृपा नापी करे कृपनाई ||

ओसे मित्र को तजे भलाई ||

अशि मत करके हँसी कराई ||

दौ मंदिरो का कीर्तन, मिला है निमंत्रण ||

जा रीया हूँ भजन बजाने जय घनश्याम ||

कृष्णा कृपा से बच गऐ, गाड़ी चकना चूर ||

झैल के बचा दी, ओर खडी रनयी बेकुण्ठपुर ||

# 163 ज्ञान

ज्ञान की विशालता मायमें नही रखता बल्कि |

सज्जनता मायने रखता है ||

ज्ञान की विशालता ईशप्रसाद है

मायने भी है अगर सज्जनता सामने रखता है ||

शौध मे भी विशालता से ज्यादा जरूरी उपयोगिता है ||

बाकी अपून साईन्स वाले कानून बाजी नही पता है ||

# 164 दक्षिणा

कूरूते कृपा ॐकाली माई ॥

पुष्पानी संस्कृति आई ॥

संति सम शिया महार्मूद्रा

हीरन नगर भा दक्षिणा ॥

ट्री लीयॉंन बिल्ली आन कामप्रदा ॥

ॐक्लीमसह सारदा महामायी ॥

यतो लीला लीखे गोस्वामी :

"जो सम्पति नीच गृह सौहा ॥

सौ बिलोकी सुरपति मनमोहा ॥(जपू)""

# 165 सूखी रोटी

सूखी रोटी खाई के ट्राइबल के बल अपार |

ऐ ऐशी मे ऐश करे साहीब शुकुमार ||

जो खाऐ आहार वो ऊठाऐ पहार ||

खाऐपीऐ के चौरी किऐ बोलो जय गिरिधर !|,

फँ|क गऐ फाकाकसी फूकदीऐ छूमन्तर |

हीरन कभी ना सत्य डिगाया मेरी कृष्णाकृपा अप्पार ||

# 166 पद्मादेवी

पद्मादेवी पद्मासन्ना पद्महस्ता स्वयंपद्मा ॥

कमलादेवी कमलासना कमलहस्ता स्वयंकमला ॥

तूलसीदेवी तूलसेसन्ना तूलसीहस्ता स्वयंतूलसा ॥

स्यामादेवी स्याम सम्मा स्याम हस्ता समय स्याम ॥

नमौनमाहा नारायाणाहा जेबजरंगी ॐहूँम्फट स्वाहा!!

# 167 करम

भैयर बरेन माईइडीयर वेश्यटरन मेन"

हैल्लीऐन्थ'स ऐनस नौ ऐच ओरेम ।

ऐण्ड ऐजारडीरेकटा नाँट ऐजारडीपैकटा ही रेन ॥

ऐण्ड ओपैन नौपैन वीनस ईज इयू परेज लभ रेन ॥

शक्कर शक्कर के जपै, मूहँ मीट्ठा ना होय ।

बिना करे करम के, ग्यानी कोई ना होय ॥

"परम सुतंन्त्र न सरपर कोई ।

वोही करो भाव मन जोई ॥ (रा.)"

# 168 कपाल

कैलाश गंगै नंदी त्रिसूल डमरू जे शैषनाग |

रिद्धिशिद्धिसःश्रीगणेश जे कार्तिक कुमार ||

जय काल कपाल महाकाल ||

जय काली कपाली महाकाली ||

जय प्रेत पिशाच भैरव भूत बेताल |

जय प्रेतनी पिशाचिनी भैरवी भूतनी बेताली ||

नमः ॐमा पारबती पति भोलेनाथ के परिवार ||

जय मसानी समसानी लोना देवी मंन्ता चौसड्ठी |

क्लीम् ॐह्हूँम्फट स्वाहा वारेगनीखंवायुर्मिट्टी ||

जय हत्थाजोडी कृष्णाहल्दी तेलमसानी खौपडी ||

जय बीरकलूवा नौनाथदूधनाथ समाईलमर्घट्टी ||

जे तंत्राणी मंत्राणी जंन्त्राणि विद्यादातार ||

कारन पारन तारन मौहन ऊचाटन मारन कर्तार ||

ॐमहाकालमः जय ऊजेनी ||हँ हँ जय भोले नाथ !!!!

# 169 धरती

कुत्रा तुट्रा बियाकर्णा किम कृतीशौधापूर्णा ??

नीजशैली निजसहैली न्यूनाधिकं चरति चूरणा ||

यथा कालगतिम् समयजन्त्री तथा सूकृति धरतीघूरणा |

जयंन्ती भारतमाता भाग्यबिधाता।

जयं जयं बलिदानी भगतबिसमिलखुदीराम सूरमा ||

कीनचित्तज्जना याचंन्तवाना

सुपाचक्कभ्भस्मा गुरूकृपा करीश्मा ||

# 170 श्रीराधा

ईदं चूरणं त्रिफला, हररा बहैरा ऑवला ||

देवीपादपाणि कृपा सरवेआरिष्ठा सानती सानता ||

विनाम् श्री घनस्याम कृपा असंम्भू कामाच्छा ||

कदंम्बवृक्षशाखा अद्धा, ते झूल्लानती संन्ती संगै प्रेयसेग्रजा श्रीराधा |

सलोनम् स्याम सुन्दरं सम्मौहनं सस्यस्यामला श्रीकृष्णा |

ते सरवाधिकाह भारयाह् रामानतम तथा |

संताहँसंतीनाम प्रीतंन्ती जथा तुलसीमीरा भगताह् चा |

# 171 रीलीफ

लीफ ऑफ ऋषिनस कंयूनिश आरण्डी ॥

पामेटली कंपाऊण्ड लीफ बिग रेमेडी ॥

ऐपलाई विथ लाईमहँनी ऐण्ड हीट फार सडनपैन रीलीफ ॥

होलो ईस्टैम बट ईट पाजीटीव प्लाण्ट यूज्ड ईन टान्ट्रिज्म ॥

नौ देबीओ बिल्ली य्यूब्बी ह्हैपी ।

लिस्शन हिरन हारमोनियम

ऐट नानस्टाप रामायण जी .

ग्रीनारीज फारेस्ट वाईल्डिज डियर ॥

हैन्स पैण्डस् रीक्यूवेस्ट टू वेस्ट ट्रान्स्फर ॥

तपस् श्रीसत्यनरायण माईट बिलो रेन ॥

दे आर हीबीचूआल यू केयर फार अवर ॥

# 172 तंत्र पूजा

तंत्र पूजा का वक्त यही है भद्रै ॥

कालीतारा महामहा मोहे निद्रे ॥

रात्री स्वयं देवी अद्य : स्वागतः मासःभद्रे ॥

मौहनस्य प्रियंम्बदा मासं नछत्रं चैकंम् तारकम् भादै ॥

नौ, भवानी ! सिम्बल मंन्त्र होता है ।

जिसमे अथाह् अर्थ होता है सरलतं से गूढ़तं

जितना जिसंका समझ होता है ॥

जेसे "क" का मायमें कबूतर से कायनात तक

ख माने खरगोस से आकास तक होता है ॥

हम लोग मानते है कि कुछ चौपाई रामायनजी की

शिद्ध मंत्र है । बस श्रद्धा हो ॥

ॐ तारे तू तारे तारे स्वाहा ॥ श्री तारापूर पीठ उडीसा का मंत्र है ॥

# 173 संस्कृत

"संस्कृतभारतम् समर्थभारतम्

संस्कृतेन पाठनं संस्कृताय जीवनम्

संस्कृतेन पाठनं संस्कृताय अर्पणम् !!"

श्रावणी-उपाकर्म- रक्षावन्धन-संस्कृतदिवस्य शुभकामना: ..

श्यमबॉडी नीड हजमौला | सच वीक देयर बायौला ||

नॉ|न ऐनी ऐकशन नॉ|न गोलामौला ||

ओन्नो डोन्ट साक ईट्स ईजी टाक ||

नॉ|र मेल्ट गोल्डी पूट ईन हाई फॉ|रमेंश फियौला ||

सौई हितवा मम सौई उपकारी | जो कोई पूस्तक पढै. हमारी ||

सान्सत कर संस्कृत मेहनत के किताब ||

खरीदे कंजूस भी ओर ना कर हिसाब ||

छू मंतर काली कामरू कामाख्या गोहाटी वाली ||

लोग कहते है ऐ बात कि देवी लूना मेरी जात ||

कमाल करे ओस्ताज ईस्माईल गूरू गोरखनाथ ||

फटे बदरिया किरपा के भारी श्री लक्ष्मी बरसात ||

# 174 सर्वचना

सर्व गुल्ल ? हयः सः अद्यः संस्कृतस्य दिवसौ सोई ॥

वर्तन्ती संन्ति आवाहँयन्ती पूस्ताकानी बंसंती ॥

रक्षा कूरूवंती ॥

हैमातो कालीको सारदौ दसमहाविद्या नवदूर्गा

इदं द्वौनगरदेवी महामाया वयं बंन्दंती संती ॥।

कमला कालिका कल्याणी गजवाहना दियावंती ।

वयंमाते सर्वचनासहितं हनूमंन्तं दंपत्ति बंदितं जयंश्रीरॆरामम् गायंति ॥

# 175 आदिवासी

हीम्मत्तै मर्दा मदद दे खूदा |परदा परथा बाअदब रूक्खसत्ता ||

फूट डारो राज्ज कारो || नेता लोगा गोल मारो ||

क्यूॐ भोले हम ठीक बोले ?

साहिब सौंचा कि जात जोनी मे डारो |

कागा काकभुसूण्डी तोता श्री शूकदेव ||

गीध जटाऊजी गो माता ओर श्री नागदेव ||

स्वान एवं चेतक अश्व इतिहास मे उपस्थित ||

"कीऐ कूबेश साधू सनमानू |'

जिमि जग जामवंत हनूमानू ||"

बजरंगीजी, ऐक है काम कि जय सियाराम |

बाकी जप तपकूछू नहोत् ऐहिकाला |

हे श्री बाला ! केसे मिलेगा डाला ||

सरहूँल के त्रिसूल पै चढ़ादे फूलमाला ||

# 176 सावन-सोमवार

इतिश्री सावन-सोमवार के नाम जय शिवशंकर !!

आत्मा में परमात्मा ता आप मन के आशीरबाद डियार ||

रामायण जी ओघणदानी || राजनीति करते हम प्रानी ||

जय शियाराम जयजय शियाराम |||

बाबा रहै समाधि मे || न|ही ऊठे महैश ||

चतुर मुख सभा मे दक्छ के मन मे भारी ठैस ||

श्री कागभूसूड़ी चेला जी भी, गूरू जी पे तेश ||

उमा छमा श्रापौ ते भारी |ॐ ? |

संभू भी शिष्यको नाग सॉ|प देत ||

नौ कर्श नौ नाग देऊता जाग गया हो तो भाग देऊता ||

पहुचौ पूर पत्ताल तो सही श्रीकबीरी होय ||

बाकी कभी दिखना नही शिखाकर मी लेगी दोय ||

# 177 महामाया

श्रीगणैशायनमः हेगणपति : मम मति:

यत्र यत्र इदं नगरशिय् पॅरिधि: ||

तत्र तत्र महामाया आश्रितंम् आश्रमं ||

च परः परिधे माता श्रीकालिके चापरंम गर्भगृहैमंम|

समतः सर्वै सूर्यलोकिम् ईदं च अनंन्त सूर्यलोकं निर्मतः
ब्रह्माण्डंम् ||

श्रीकान्हास्य ऊदरे ब्रह्माण्डाहँ संति अमेंकं ||

अन्नूकं अण्डर ईस्टैण्डम डमडम ||

पीपर तरूतरि ध्यान जो धरई |

जोग जाप पाकरी तरी करई||

बर तरी करि हरि कथा प्रसंगा |

गावहि सुनहि सब संत बिहंगा ||

पूज्य गोस्वामी जी के बँ|टनी ||

बायौईलेक्ट्रॉ|नीक्स || चाहै ते तो नाप ले बिजली ||

ईट्स मेक्सीमाईजिस ||

# 178 श्रीबालाजी

जशपुरनगर छत्तीसगढ़ की नगर देवी मंदिर

सिन्हवाहिनी देवी मेया श्रीबालाजी |||

श्रीबागेश्वरधाम छतरपुर म.प्र, के

श्रीरामभक्त बजरंगबली श्री बालाजी सरकार ||

बृन्दाबन मे श्रीकृष्ण कन्हैया गोपालोके श्रीबालाजी नन्दलाल ||

जो बलाकाटे वो बालाजी || तीनौ बालाजी को प्रेयर ||

# 179 बिन्दास

अशक्तिम् अन्नूसंधन्नू छापं टिकठीहाईनं भाभी ना बालकाहार्थ् ना मॉ|मॉ|र्थ ॥

हँसितंजीवनं दीर्घम् च चिन्ता चिता समीपयति ब्यर्थ ॥

ईदः अग्रजास्य दुःखस्य कारणाह् तदार्थ ॥

अतः भक्तः बिन्दासः च शुद्ध शुभं सुखं भवार्थ ॥

काली कलर की टीकठिहाईन छाप भोजाई नही खौजपाई ॥

वासते ना बबलू ना ठबलू ना टिकीठीहा भाई ॥

ऐ सब तनाव ही है जीसे विमाता झैल नही पाई ॥

हँसखुसी जिन्दगी होती है बोहोत लम्बाई ॥

 ओर चिन्ता सीधा चिता तक पहूँचाई ॥

ईस लिऐ जिओ बिन्दास चाहै फेल चाहै पास ॥

फरक मल्ला ऐ हीरन खूस रहै या नाराज ॥

# 180 हिरणी

अबोधितंमहं ते संगैर्महार्त्रूटीम् || चापरः लघूर्त्रूटिम् ।

डेलीम कमान केशं केशवः ईदानीम || तथापि अवान्छनीयं अभवति ||

चतुर्गुणंदसम् प्राप्तान्कं आभावती शुभं परन्तू अदर्सति षड़|न्कं* || (ताराहँ संती मात्रात्रूटिम्)

ईदं गोपनीयं किन्तू वयमस्य साहिबस्य श्रीगणैशतः

पस्चिम परिणामं प्रकासने संशौधनादेसं उपरान्ते ईदं निर्भया हिरणी लेखं ||

ऊपरीतह स्वयमौष्णह कूत्र यः सूत्रः ? ना | ना | ना |

तत्कालं अनवेषणातः चा समाधानं पस्चे यदिम् त्रियापंचं ||

यत्त्र श्रीसप्तःशनीश्च कालरात्रीम् सप्तंम् ||

# 181 हसीन

लाली लफ्जो मे साफ | मे लतीफाबाज नही ||

नया जमामें का नया आगाज ||

लकीर के फकीर छाप आवाज नही ||

सब खुल्लम खुल्ला आसमा

पर्गटिया है कोई राज नही ||

ईतना हसीन नजरोन् से न देखिऐ कान्हा |

ईश्क के मारोन् को आता हयालाज नही ||

ॐ कृष्णाय नमः || है कान्हा ! यथा तवा किन्चित जनस्य मुखं

हँसमुखंलालं भवति |!

किन्तू किन्चित् जनस्य मुखं

पाकृतिक तनावयूक्तं भवति यथा महामुनी फरसूरामः ||'''

सहजहु चितवति मनहूँ रिसाति"

तस्य मुखाकृति दु:खी अशुभं तथा कर्कसवाणीयुक्तं |

शुभंशब्दंमपि ना प्रियति ||

किन्तू किन्चित मनुह् मुखे अति मनौहरं च कोकिला स्वरयूक्तं |

तस्य सरोष वार्तापि कर्णप्रियं श्रवणीयं ||

 पूर्वाग्रह कदापिना परन्तू विविधतेदं ||

# 182 नागपंचमी

लक्षण धाम राम प्रिया सकल जगत आधार ॥

गूरू बा शिष्ठ तेहि राखा, लछिमन नाम ऊदार ॥

नागपंचमी जयंती, जयशिवसंकर श्रंगार ॥

ईनकी कृपा से पढ़न्त्रा तन्त्रा मंत्रा यंत्रागार ॥

# 183 लक्ष्मी

पूजंन्ती श्रीनारायणं, च लक्ष्मीमिक्छंन्ति ||

विचारियतु कृपया, भार्याय कुदष्टिम्कर्ता श्रीविष्णू कृपष्यति किम् क्रौधष्यति ?|

अतः पूजे दानं कुरूनीयं |||

मंदिरस्य मुद्रा सत्यतः व्ययनीयं ||

ततः श्रीलक्छीम स्वतः अन्वैसितः आवाहँष्यसि ||

शंखं चक्रं गदा पद्मं इदानीम् संति धनं भाग्यं कर्मम् च सत्यं |

विस्वं दर्शते विषम्पूर्णम् |

गायंन्ति मिथ्या प्रेमानन्दंम् ||

इदं छद्मंम् अधति मानवतंम् ||

अधुना पराविद्यूतीयं यंन्त्रं विस्वसनीयं नमनुम् ||

सत्यनाम अर्थात् सत्यनारायण ब्रह्मैकं नास्ति द्वितीयं ||

ततः किम् दूरदर्शमें युद्धंन्ति च अशान्ती किम् संति?

यौ यौ महामहिमाह् ग्यानीनाम च ग्यानं महानताय् वर्धती

त्यौ त्यौ अग्यानंपूर्ण कटुताम् वर्धति ||

तेहिन्दू धर्मयूज्जं मेंक्छंति ते धर्मयूद्धं कर्ती ||

ना ब्रह्मा पूजनीयं ना ब्राह्मणं |पूज्यनीयं केवलं ब्रह्मकर्मम् ||

मित्थावाची पंडितं धिक् अभगतं मनु च ||

अतः सम्यकंम् भवन्तु जनः भवंन्ति संति जनार्दन्नाह् ||

# 184 व्यग्र मन

यः किम् ? स्वयं कुरूते त्रूटिम्

स्वयंमौष्णम् शब्दम् || आम !

कुरूते तव कार्यम् स्वीकारतः त्रूटिम् |

समाधानं अहं हलं कृतिम् ||

ततः किम् समुखे मिष्ठंमस्च् परोक्छै मानहानिम् वृतिम् ||

नाकारोमि गच्छ कुरू वक्रंकेशाधिम् ||

च गच्छ बद महाजनाह् च यदेक्छं द्वंदार्थावह्

भवःहस्तौद्विम्द्विम् ||

मौनादेसं संस्कृतं देव वाणी ना स्वर्णम्शिशुपादपं ||

# 185 सारंग पानी

अर्थात् सारंग नामक धनूर्धारी श्रीराम || श्रृणूदेवं नारीविगयान ||

सती भवती श्री मौहनी च रंमंतं मनं रामं मनौहरं ||

ऐ गवाँ|र देहाती ऊरदू हीन्दी द्वो संगम संगम |||

कर्कसा कुर्यात् कुलटा यतः भवति टालस्टाय:सुकरातः

कालेथवा पतन्ती यथा राम रहीम आशा जन ||

दुष्टा अबदन्ति तूलसी इदं पशुनारी उदंडते दंडकारी भवन् ||

गृहै निज सहायकं भवति भार्या किन्तू परःबुद्धी चरः पत्नीदं ||

पूर्व जन्मस्य छापं मनुवे चरन्ति || संस्कारे ते भैरवी अधवा कर्मॅनीदं ||

# 186 मातुल

मध्य प्रदेशे शुखी विचरंन्तु सारदेमाता रक्छतु सर्वदा |

वनं भवतु बिडालविहीनं च तृणं परिपूरणं तटेनर्मदा .

छत्तीसीगढै मातूली मातुला छापं केशनी कंसस्य तदेव श्रीकृष्णा ||

दशरथः मारीच: माहिल: सहितं पंचः मातुल्ला प्रशिद्धा ||

# 187 हैलेन

सूई अन्नू गैमो वेर् ईक्स क्लैइ ऐना ? ||

वेस्ट फ्लौरी मॉ|रनिन्ग ग्लोरी जू फ्लौरम हैलेना ||

दु:खी मने हास् कविता लिखंन्ती ||

श्रोतः वादकस्य परीक्छइ क्रियंन्ति ||

रिक्तामासे शक्ती प्रद्रर्सनंन्ति ||

माम मॉ|ते अंतीम किन्चित ||

दीवस रात्रि व्यतीतं क्रियंन्ति ||

अतः सर्वै प्रदानं मे अवकासं कृपंन्ति ||

# 188 माया

हरी यारी माया बसे संत समा गम होय ||

शुद्ध संस्कृत हीन दीन हो तब रसौ वे सः सौय ||

ॐहूँन् ! त्रं त्रं त्रं ॐ भाष्करं तवा बंदित्वा शन-देह ||

किमपि श्रीकान्हा कृष्णपिण्डः त्वंमथवा सूर्यः वरदेह ||

वस्तुतः भ्रमितः तंद्वीसमयं किम्हँसितं चंदं पूर्णत्वं |

या मतकर्तकी चंन्द्र- हासि -नीम् खं गं तं |

त्रियाजिद्दीम् स्वतः ट्रैजिडीम् भवंतं |

शैषं भुजंगं भामाजूद्धंमथवा समयस्य शेषं मधुम् सास वतः अनन्तं ||

लेखंविधात्री भाग्यं सुधारती नौरात्रीम्म्मातानंन्तंम् ||

यथा तथा द्वौ कथाओ भो शुभो सर्वथा प्रसान्तं ||

रथंहकंतं ढाईसतम किमीकोसं श्रान्ति भवति वयं ||

माया प्रेरित नृत्यंन्ति मनुवे, जीवनंमेदं मायाकृतं ||

किन्चित्त साधूवे निन्दंन्ति माया संभवतः अंन्तः श्रीकबीरीमतं ||

यत्रं वयं किम् मनं कः विहीनं माया ना लभंति मायापतिम् ||

# 189 पीपल

पीपॅल प्लाण्ट गोन इशलेप्ट् ॥

अश्वत्था गॅ|छी सो गई तब सब जीरो ॥

गोबर धन आव्वैक् ईफ ओनली हीरो ॥

किमर्थः यः का भवः कुत्रसंति सचराचरो ॥

मृगमदाह् भ्रमं मया भ्रमरो

प्रेयशी भवान स्वयं वोधरो सुधरो ॥

अती समय स्वयं श्री कृष्णाह् ॥

च सर्वै सर्वैसंति तस्य भरियाह् अतः स्यामं इलू करो ॥

बुद्धिम्शूद्धीमीदम् दर्शनं ममेंशुद्धिम् भगतिम् ॥

क्रृयाशीलता यौगं च पाकृतिक समाधी नीदरो ॥

ये चतुरथे शूद्धतया अध्यात्मिकता लभंति नारीनरो ॥

# 190 जांगरचोरी

कि जहँ| देखौ तहँ| बस जांगरचोरी है |

आराम मामें राम नही, काम से जंगल दौरी है |

पढ़ते तो रामायन हमसे जादा वो भी है |

लेकिन सौहरत नही जोरी है || क्यौ?

पढ़ते है ; निरमल मन जन सो मौहि पावा ||

सौचते है निरमला से नजरे मिलावा ||

तो ? पहिले विचारशुद्धि, फिर पूरा अचार जरोरी है ||

आईडी परिचयपत्रा दर्शिशि बिलूप्त्तशिय्वास्तूदेवा ||

हँसन्ती मनौविनौदे कण्डूझंडूस्च यातायात सुखेवा ||

भूगर्-भीया महाकालं महत्तमीकाई समये वा ||

यौ यौ कृतामहाक्रिय्या महैशकृपापात्राह् तेस्मराते केवलेवा ||

अन्यत्था कृताभैरौंछायाकालं क्रियति कलेवा | ||

भोला रक्छै सर्वदा सर्वै समयं संतं संति मनूमेवा ||

अधुना फलं सर्व प्रथमं तत्कालं मूद्राच कदापि ना भावेसेवा ||

# 191 बिहारी

हंकी जंकी मंकी,, बंकी ठंकी नंकी शंकी ||

मीलू ईलू शीलू, पीलू दिली दीलू ||

सुबोधी सरवे बोधी, अबोधी ना बोधी ||

संम् संम् संम्, शिम् शिम् सीम् श्रीम् ||

जं जं जयं भजं . तं कं कं कं कृष्णंम् ||

हरे राम हरे रामा राम राम हरे हरे ||(ॐनत)!!!

लिषन बिहारी: हारे रामा हारे रामा, रमारामा हरेहरेएएएएएए|

लिसन साऊथर्न हरेर्मा हरेर्मा रामारामा हरेहरे |||पैड ढंढंढंढं|

जे बजरंग बली ||

बालबानीनाम् ईशः सूणुतम् मोदकं मौहनं आदिश्राास्त्री ताली ||||

# 192 मूक्त छंद

मूक्त छंद ग्रामर फ्री रिफ्री फौलो दी, दी ऐण्ड एच डी ॥

सट्टाप ईइ्डी - आठ ऐण्ड क्लौज ओभर पौऐट्रीं ॥

डौन्टा बरना बरला है यार लो- वर्ना देट्टीज् ॥

बेनी ऐनी वेनी सावन सौमवार हॉनी

वोरी नॉट हॅरी आप फॅ|र नानस्टाप प्रेयर बॉइ्डी ॥|

वोमेन -शीमरन देन् - देन् लोफ्ज गॉडऐट यूजेन ॥

जनहिताय कृपया अग्रैषितं क्रृयंतं, वे साधुवादं ददाम्यहं ॥

# 193 योग

कुरूवंति योगा भवन्ति निरोगा |

कूरूवंति परीक्षा लिखंति प्रथंबारं जग्गा ||

पठंति वेदा नसंति भेदा |

समाओजियंति समयं वर्धन्ति मेधा ||

ॐ नमः शिवायं शुभं शावनं सौमवारं ||

पश्यशी कृपा वर्शशि मेघा ||

ये बंदिता चला ऑन्गला पड्डा ||

# 194 छात्र

मे छात्र विज्ञान का हूँ | पर जो समझा कि महान महाराणा
प्रताप !

धर्म नीति के महान यौद्धा, हमारे महान ईतिहास है" !

वो दुस्मन विदेशी कूटनीति से छल किया

ओर जोधा जय चंद लोग के कारण देश गुलाम हुआ था ||

अगर झाँन्सी की रानी के साथ पूरे आर्यावर्त के शासक दिए होते|

तो? हम लोग वनस्पति विज्ञान के जनक

धनवन्तरी, चरक, शुश्रूत, वाराहमिहिर, पातन्जलि को पढ़|ते |

जो हम पढ़|ते है वनस्पतिशास्त्र के शाखाओ के जनक

अरस्तू थियोफ्रास्टस डीकण्डौले लीनीएस लोग है |

# 195 गुप्तनवरात्रि

बंदे गुप्तनवरात्रिम् बंदे गुप्तगुरू वरंम् ||

बंदे शिवं शंकरं च सावमें आनंन्दंम्करंम् ||

ॐ शुभै पुन्य नक्छत्रै * सारंगप्रिण्टम् लभत्रै ||

ईदंमस्तीस्च, पुष्य तारे पुष्पपूष्तकं छपत्रै ||

दिवा दिवसे गात्रै ॐज्यौतिष्च नवरात्रै ||

अतःक्रयतः अत्रैश्च आनॅ|म्सह श्रृद्धै मात्रै ||

# 196 कुरुक्षेत्र

फाईव परसेन्ट बेटरी बाचा है |जल्दी चार्ज मे डालो ||

मुझै क्यौ बता रहा है ? पी.ऐ. को सम्हालो ||

जयं श्रीकृष्णं लेडरी झगराखंड कुरुक्षेत्र |

मनेन्द्रगढ़ होगै शिद्धी गिरि महैन्द्रा ||

प्यूपल आदी नॉ|ट जे प्रथम नाथ मत्सैन्द्रा ||

लडे का होय तो चल गोपाल खौज दोचार ठो बेन्द्रा ||

लाल लाल जे महाकाल जे बजरंगी बीर बंका ||

श्रीराम जे राम जे जे राम जे लंका जाके लडं.का ||

रोपा लगामें से फूरसत नही | क्या बड़ा कारज करेगी ||

फायदा भी जीरो है || हीरनिया को खाली खारज करेगी ||

# 197 भोलेनाथ

ॐ महाकाल नम: जय भोलेनाथ ||

सत्रूस्य भंग गृहं भवः, जय जय मित्रा: साथ ||

जहि नश्यःबेरी, खादति मममाते कालिका ||

जदिआसंभवः ते सदबुद्धिम् ॐक्लीम् सः शारदा ||

ॐ रंरंरंरंरंरंरंरंरंरंरंरं रमंतं रामं, हनु5 हनुमंता ||

ॐ चं चं चं चपल चलंता ||

है बजरंगी जयंतं श्रीरामं जेराम जे श्रीराम ||

ऐकादसं शिवं हनुमंतं || बसंती हृदऐ शखाहमम ||

छम् देवादेवीनाम् बिलंम्बै बिलुप्तं भवति अवान्छनीयं अलिखं
कं!!!

देवानागरी लभते लभामि हं !

# 198 गूगलगूरू

पूर्वैनाभवती चलदूरभाषी, नाचाभोती गूगलगूरूनि ।

पाठ्यक्रमम् सुगम च सानंन्दितं बालानन्दम् सःपाठं अकुरूनि ॥

तस्य निर्माणं अस्ति अद्यतः चिरंस्थायी भवभूमि ॥

अधूना ना बालपनं ना बाललीलं केवलं पूस्तकभारं पठूनि ॥

कलित्रामभियान्त्रीकीम क्लिष्टं पठितं किन्तु रचना दशक भंगूरूनि॥

मोटीभैशन डजंट मोटीभैशन ॥ लिट्टीगैशन डजंट लिट्टिगैशन ॥

पिटीशन फॉ|र नाट टु पिटी शन ॥ होमौ सेपियन बिदाऊट होमौशैपियन ॥

ही-रार-ची इट्स लेवेल स्ट्रैटीफिकेशन ॥ रीटार - डेटिन्ग ग्रैज्यू - अली काशन !

मेरा ऑस्ताज काला काला महाकाला के दिल्ली हो किरपा ।

# 199 कविता

"कलेक्ट दा जीग्रीज् ऐण्ड मेक शूग्घर केन ?"'
तो? हीन्ट ऐन्सर के हो प्रौजेक्ट क्वशचैन ।
उस्ताद करे तो ऐ ईलम कम मिलेगा ॥
गॉडगीभन वीजडम बीडॉन हाईजूकेशन ॥
यूनौ पूनौ ? बे सिर पैर के वाकिया है आजकल की कविता ॥
बेतरतीब तुकबंदी बिना गद्य है कि पद्य है, पता नही चलता॥.
ऐ भयी सब सही, जे हो सबफ्री मुक्त छन्द रहता ॥
ओर, आठ दस बाजो के शौर आज कल का संगीत है ॥
"दामँनी दमँक रहत नभ माही । खल के प्रीति जथा थीर नाही॥"
दिल पंजीयन का नवीनीकरण है
महज तीन साल तक चले वाला प्रीति है ।
ज्यादा चले के बेटरी चाहिऐ । सबे जगै रीचारज की रीत है ॥

# 200 जिन्दगी

"जिन्दगी पूरी ठोक - ठोक रखदा !

डेन्जर पै जानलेवा शौक रखदा ।

खौट दी बना के ए मदीना खाण दी ।

अब बीच प्यार के एक लोग रखदा ॥"''

जिस खियाल मे खौऐ हो वो दगा देगा ॥

जो जलवा जटाशंकर के हो तो वो जगा देगा ॥

"भाव कुभाव अलख आलस हूँ । नाम जपौ मंगल "दिशि दसहूँ॥""

नियत भले ही गलत हो, चलेगा नाथ भोला है ॥

पर जो पापी जीव होगा तो वो भगा देगा ॥

क्या करोगै ए लिख पढ़ के ॥

# 201 पढ़ो

श्रीतीजन कितना पढी है ? पढ़ो तो हाई पढ़ो ||

नही तो पढ़में से जादा लढौ | हे, खोपड़ी वाली माता ||

खोपड़ी से डालर बरषाता |

अंगूठा छाप आदमी सज्जनता से साफ करते है ||

ये पढे लिखे मूरख सामान गायब करते है ||

किसी सफर मे धौती छाप देहाती पै यकीन कर लेना ||

पॉकेट काटने का काम, ये बेल बाटम बाले ही करते है ||

हिन्दू धरम निभाना बहूँते कठीन है |

अगर आस पास सेतान वास करते है ||

विश्व के मित्तर भी भाग गऐ अग्य छौड़ के ||

ताड़का ले बड़का मारीच ऊधम करते है ||

कभी, श्रद्धैय मीरा कृष्णभक्ती का नाम रहा है |

अब बिदेसी मीरा जियो साईन्स ओर मीरा पौर्न साईट चला करते है ||

ताजुब, है कि जानते है मगर मानते नही ||

पूरा खभर होमें के बाद बेखबर है ||

माचीस के लाईटर है झंझट को जलामें को |

ताण्डो मंन्त्रके पाण्डो, ताड़का लोग ताड़ना के अफीसर है ||

# 202 घनश्याम

स्माईल्ल डॉ|ट कॅ|म का नाम घनश्याम ||

ईशरो डॅ|ट काम घमासान ए साहिबी घनसाम ||

राम रीम् रोम ईदं पॅ|म पीम पोम |

अत्र आक्रॅ|म ॐ पारवती मॅ|म ||

संति भवंति रसौ वे सः सौमंम् भवाम अट्टाहासंम् ||

हः हः हः || तत्तापस्चत्त श्रीकृष्णं तीब्रातितीब्रंम् जपंनतह

कल108!!!

जंन्ता अजंन्ता हिलोरा अधरो दरषंन्ता दन्ता ||

प्रहसन्ता हँसंन्ता प्रस्नंन्ता किम् जोॲंग् ऊर्जा,

दूरभाषाय कृते विद्युत, वटस्य पत्ता ||

कृपि: विचारंन्ता किम खद्यौतस्य आलोके जगंन्ता ?

त्वंम जगंम् जूगनु प्रकासे बिलोकन्ता संता ||

यदी मैंनौ विद्यूतमापी यंत्रा उपलब्धी (अरबंम् भागंम् मंत्रा,

इदं अद्यंन्ता पूर्वमहाविद्यालये विद्यमंन्ता )

दर्शयति विद्युत मात्रा त्रीअंइ०का ||

ईदं अश्वत्थस्य ऐकसवासतंम् मैंनौऐमपियरा प्रियंका ||

कहॅ| हो गूड माँ|रनिन्ग गिरधर ऐक्या है तेरा कारोबार?

चंम्मचकार को नंम्मस्कार || और चमत्तकार को दरकिनार ||

कार गुजार को खबर दार || और खभरदार को कर बे कार ||

# 203 टाईम पास

नौ, नॉ|र वी ईनटरटेनर नाईदर पासटाईमर ॥

देटीज नौ लॅ|फ्टर में स्ट्रॅ| लिट्टर ॥

देन? नौलेज पैथ इज स्वार्ड सार्पर ॥

शम हाऊ हार्डर टू बी टफ नर फॅ|लो फार ॥

ईभन देन माई ईडन ! केन बील्लीभ हीरन. !!!

वी भैरी सिम्प्लर आइमीन भइरी ईजियर मेथी भन ॥

बिग ट्रीज वौइस् रिकारडर ॥ माने या न मने डॉक्टर ॥

सरबोले? 'बनगै' !!! ता का का करे का परे, कर ॥

# 204 चमचा

देऊता लोग को भी शौक होता है चमचा पालने का |

कोई गीता पढ़ोहो कोई गाओ रामायन |

कोई जसगाओ चलीसा ओर चरचा चालने का |

श्योर सखे हम को भी हसरत है पढ़ून् || बट बनवारी !

ॐ हूँम फट स्वाहा का हनूमान गियर डालने का ||

खुदाकसम मैं भी मसरूफ हु ईश्क मे तेरे ||

मैं आलादरजा का चमचा क्या चमचा गिरी लिखा उसे खंगालने का ||

ओ बोले तो ईत्ता नफरत ईन नजरो मे लेके क्यूँ घूमती रे बबा ?

साहब को हँसी लगना मान्गता तो हँस डालने का ||

इन्टरनेट बोलता है की तेतरेय उपनिसद का ||

रसौ वाई सः अतः रमन्ती ईतिहि रामः ||

संतिः संतिह यौ कृयिन्ती ते सेवा स्याम का ||

स्यौर आई धूमावती मानौ धूको !!, तो लिख डालने का |

मगर नौ लफड़ा पालने का ||

हरी ! हे- हरी ३ !! चारा काट के कहाँ धरी ?

बछुरी कोउ चरणा सिखावणा || बाकी बेगारी के काम करी ||

# 205 बनावट

"मौहबबत होनही सकती बनावट के ऊसूलो से ।

खुसबू आ नही सकती है कागज के फूलो से ।।"

जिद है बात काटने का, तो ईत्र छिड़क दे ।।

लेकिन वो तबियत न मिलेगी नकली गूलो से ।।

डाली कदंब का झूला बच्चा लोग है खेलते ।।

गर घनश्याम है झूलेलाल, तो झूले घुघूती के झूलो से ।

रहते है कान्हा फूरसत मे हरदम ओर ईन्तजार मे ।।

मगर है ईश्क करते हूँनर बाज मसगूलो से ।।

पांच शिवतीर्थ किऐ पाचौं धाम से लेआऐ

ऐकमहा देव के पाचो पूजा सबको मनाऐ ।।

आशा ईदं दुष्टं तृष्णा । निराशा ईदं श्रीम् कृषणा ।।

"मोह सकल ब्याधि के मूला ।

ताते पूनि ऊपजे बहूँसूला ।। "किन्तु क्रीया इतिश्री आकृष्णा ।।

# 206 ब्र. साधू सौमर्श

इयूज लेहर !!! ब्रो. ऑ|फ चर्च माई क्रीऐचर !!!

द लेषण बेग टू गॉडदे” इभर गॅ|ट लभर ||

काल टू कम . डीवोट टू वेलकम हाऊईभर ?

सिम पिली शिटी ऐण्ड प्रेयर ए ईसटेचू मॉ|य सर |

लिकवर नार भिया मं ब्र. साधू सौमर्श ||

यूनौ ही पूनो . हूँऊ बॅ|दर्श आर्स रेवेरेण्ड बर. !!!

# 207 कामाख्या

ॐक्रं कामरू कामाख्या विद्महे, उमानंद प्रियाय धीमहि, तन्नो कामाख्या प्रचोदयात् ॥

आयातु वरदे देवी मेया, नीलपर्वत वासिनी ।

तवं नमामि वरदे विद्या, कामाख्या कामरूपिणी शिवा ॥

देवी बिलासा तंत्रविद्या महामाया नमस्तै यौनिमुद्रा च ।

शिवा ब्रह्यपुत्र महासरिता तटे तव मंदिरं स्थिता ॥

ॐभुवमेंश्वरी महादेवी, सूर्यमालाम् रूपिणी ॥

ॐमाते त्राहि वयं वेरोचिनी च निवाशिनी रजरप्पा ॥

ॐमाता कालीतारा ज्यैष्ठाबगला मातंगीकमला च नमौ नमः दशःमहाविद्या ॥

# 208 दक्षिणा

साहीब बंदगी किया ए मन हमारा !!!

तो कबीरी बिचार बिचारा |

गूरूगृह तजे सब विद्या आई ||

सबसे बड़का दक्षिणा श्रीकृष्णाजी से पाई ||

गूरूमाता भारी खूसी || भूतजी जीन्दा हो जाई ||

जे काली कलकत्तै वाली | तेरा बचन ना जाऐ खाली ||

द्वार तूम्हारे जो भी आता || बिन मागै सब कूछ पा जाता ||

जे मेयाजी के गूण गाता | भर के अपनी झौली जाता ||

ओर जो देखे गूरेर के | ओहि लेजा मूरेर के |

जे बंगाली माता || कालीकाली महा काली || खंग खप्पर वाली ||

सभी ईसाई लोग सही के तंत्र वाली ||

नही ? मेरे गूरू ब्रादर जेक शौमर्स डीड नाट डाईड बट ओनली
ऐयार ट्रान्सभर्ष ||

केन बी रेभैरेण्ड सेलीबरेशन मौर्टर्स || ऐण्ड थे न्क्यू आईड गान
डाईड शूक्रचार्स ||

# 209 माता-पिता

जय महाकाल जय तंन्त्र मन्त्र यंन्त्रर्स ||

मेड विथाऊट मेड केण्ट मेड मेडम चीयर्स ||

दौज पैरेण्ट्स लकी टू हैव हूँ पर्टिकुलर फार डिवीजन एंड मार्क्स||

ऐशपैशयली भैयर नो हाईस्कूल भिला कोलीयार्स ||

ऐण्ड क्वीन ब्रैन क्लाऊड रेन हंकी बी सनकी

जूनौं शीजर्स डियर्स ऐट मास फीयर्स ||

वेलकम लूकं कं स्कल्स सापकीपर्स ओनफेबर्स ||

पाके बीही म श्री सूकादेवा स्वाहा |||

आहा हरी ओमजप्पाहा कि नारायण जपाहा ?

मोटीवेशन डजंट मोटीवेशन ||

लिट्टीगेशन डजंट लिट्टिगेशन ||

पिटीशन फॅ|र नाट टु पिटी शन ||

होमौ सेपियन बिदाऊट होमौशैपियन ||

ही-रार-ची इट्स लेवेल स्ट्रैटीफिकेशन ||

रीटार - डेटिन्ग ग्रैज्यू - अली काशन !

# 210 ऑस्ताज

गुड्ड मॉ|रनिग ऐण्ड थेन्काशा टू रींड ॥

पाई जोनॅ पैनी नाई वी नींड ॥

ग्रेसी ब्लेशी पान ई बेल कम क्यूपीड ॥

शीऐल आल ईहर प्रेयर, इयूज ओवर डेट्रीज !

साईकस रामफाई पिण्ड खुजूर के भाई ॥

रेबीट जेसा हैबिट कि फरो से फलो छुपाई ॥

मेरा ऑस्ताज काला काला महाकाला के दिल्ली हो किरपा |

ओर करीया मेरा कान्हा का हो करम मेरा आका ॥

मंगल हो बजरंगीजी !! बजे जेरामॅजी के डंका ॥

ओर भगतन को हो भारी जंका मंका ॥

ओसताज करे तो ऐ ईलम कम मिलेगा ॥

गॉडगीभन वीजडम बीडॅन हाईजूकेशन ॥

# 211 छंन्द

यूनौ पूनौ ? बे सिर पैर के वाकिया है आजकल की कविता ॥

बेतरतीब तुकबंदी बिना गद्य है कि पद्य है, पता नही चलता॥.

ऐ भयी सब सही, जे हो सबफ्री मुक्त छंन्द रहता ॥

ओर, आठ दस बाजो के शौर ॥ आज कल का संगीत है ॥

"दामँनी दमँक रहत नभ माही | खल के प्रीति जथा थीर नाही ॥"

दील पंजीयन का नवीनीकरण है

महज तीन साल तक चले वाला प्रीति है |

ज्यादा चले के बेटरी चाहिऐ |

सबे जगै रीचारज की रीत है ॥

जिस खियाल मे खौऐ हो वो दगा देगा ॥

जो जलवा जटाशंकर के हो तो वो जगा देगा ॥

"भाव कुभाव अलख आलस हूँ |

नाम जपौ मंगल "दिशि दसहूँ ॥""

नियत भले ही गलत हो, चलेगा नाथ भोला है ॥

पर जो पापी जीव होगा तो वो भगा देगा ॥

# 212 शंकर भगवान

ऐ बच्चै वक्त गुजारी करने आते है पढ़ने को नही जाते |
ऐ देवालयो मे पूजा करने नही जाते ! तो?
हिन्दू मुस्लिय एसटी ऐशशी करने जाते है ||
भगवान भुक्तभोगी श्रीकपीशजी रामायण मेआते है ||
ससुरार मे शंकर भगवान | झैले ब्यर्थ के प्रस्न ||
नोगोत्रा नो पूर्वीज आदिनाथ बना, ईन्सान ||
सुरूकर्ता सकल जहँ| न || जरा समझै पंडित जन ||

# 213 छप्पन छूरी

छप्पन छूरी छत्तीसगढी टूरी .॥

छाप्पाना किताब है मेरी मजबूरी ॥

मेडम मेडरासी रूपीज मेड राशी ॥

काम है कठिन कोई नही खोल हँ|सी ॥

हीज्जै हिज्जे देखा संस्कृत को बाखूदा ॥।

बंदगी का तर्जूम्मा है, मे खाकसार बंदा ॥

ना महा कि मे हूँ ही जो कूछ है, साहंसाह ओर शहजादा |

वो ओसताज है आज के मादरे सातवी'^ चंदा !!!

तेरा हरूफ्फ है जहँ| ओर तू जबर सबसे ज्यादा ॥

माबदौलत, मूकाम ऐ मेहर है कायनात के अकल वाली खूदा ॥

भारी दरबार रोज रोज सजते अकीदते की जगह !!!

ऐक से ऐक पूरब बालो को तानसेन बनाने वाली ऐ रब |

है मा काली वक्त वाली ॥ लेकिन पढ़ने का खुश मिजाज ॥

ओ सरगम का है ए मादरे सारे जहँ| ॥

हे माता ! नमो नमह ए खाकसार बंदा ॥

गूस्सा लागै ले अंग्रैजी बने, दूख लागे बने संस्कृत्तं ॥

ऐकान्त धियाने गणित बने, लभ्भचित्तं बने कवित्तं ॥

ऐ आदम होव्वा | जरा ऐ तो बतोव्वा ॥

दउवा तेरा नफरते मरज का | आखिर क्या है दवा ?

बाच्छरू बचना ये डोकरी पच्छिम के बुआ ||

बड़ी बना के रखती है || खाऐगी मिलाके माल पूआ ||

माता मँहाकाली बचाऐ मेरी है दुवा ||

आसामी आदम से बचना बे भैरों सिम्बा ||

काल के ये सब गाल हैन् बूत आदम होवा ||

सून हीरो बरूवा, तू मत डरूवा,

वो सब खाते हैन् पका के |

जे मेरा महा काल जात्ता है कच्चा चब्बा ||

# 214 पाखण्ड

अंडू बंडू ये बामं झंडू | लभं लभंति ते सूखं कंडू ||

जथा महा न्यैता बरबंडू, तथा अवश्य गतं ऊदंडू |

भंगं भवं खंडू खंडू पाखण्डू | मनू महसिन्धु वासी जदि मंडू ||

सेविते पितृगृहं सदा गंडू | दृश्यंतु परन्तू यो ग्याणी गुणवंतू,

ते परस्थामें घूर्णंतू || तथा प्रथमतः अपि निजं पाकं पकन्तू ||

पढ़|उत पढ़|ऊत चले गऐ कान्हा एण्ड कबीर ||

तो भी नही समझै लोग तो कोई क्या मार लेगा तीर ||

खूदी को समझाने लिखी तदवीर ओर तकदीर |

कोई पढै. समझै तो गुड वो पीर जो जाने पर पीर ||

और बचाऐ रामजी, है कुछ लकीर के फकीर ||

# 215 श्री कृष्णं

ॐनमःश्री कृष्णं खंरूपं शुदर्शनं गीतापतिम् |
मधुनासौ जंबूनयनौ आम्रौकपौलो शुधामुखं ||

शुभंश्रीघनस्याम सुन्दरं सलोनं स्यामं श्याम |
कालं कलितो कलित्रं कालो कृष्णा कृपामयं ||

त्राहि त्राहि वयं इस्कानं तव शरणं भवंतं ||

ईदं कोरोना रावणं छद्यरूपं पुनर्पुनं ||

सूक्छमातिसूक्छं असंख्य ऋन्गौक्ताम् बिमबाकारं |
तथापि नच तव तुल्य सूक्छं हे श्री कृष्ण: कणं |

# 216 शिद्धि दात्री

नवं मात्रीम् शिद्धि दात्रीम् | यथा नवं मासोगतः जननीम् ||

कूण्डलनी जागृतिमथवा भोतिकी सेवा प्रदायिनीम् |

सबसे ऊचा सिमरन | सबसे सुन्दर मौहन |

सवसे कठिन काल निरंजन || सबसे सरल काली माँ|म ||

शूध्दता मे सारदा ओर अशुद्धता मे काली मसान ||

छौकरी है कालरी की || नौकरी है पाली हिरन ||

हैजाति की बिश्नोई ऐ महामाता बंगालन ||

जे काली कलकत्तै वाली खाली ना जाय मेरा बचन ||

ईतनी भोली ओर महान कि बिना मांगे देती है बरदान ||

# 217 मानव

मानव सरीर मे तंत्रिका तंत्र की गति स्पीड बताओ | बाकी सर
पता है |

पौधौं मे बहुत धीमी गति से जाता है |

संवेदी पौधा छुई मूई मे तो तीन मिली मीटर पर मिनट है ||

सब प्राणियौ मे सौचने का स्वतंत्र सिस्टम है |

लेकिन पौधौ मे ऐके साथ सरकूलेशन, भोजन भजन,

ओर ऐके साथ ऊत्सर्जन प्लस स्वसन ||

बिग डीयर ! जेसा आप सौच रहै हो ठीक वेसा ही मे भी सौच
रहा हूँ" |

बिग डीफर ऑनली टॉपिक दिशा जनार्दन |

बात गतिमान की करे तो पूज्य मँ| काली भक्त

स्वामीविवेकानंद जी के प्रमाणित महत्तम !!!

# 218 गफलत

वो मसगूले इबादत जो खुदा के करीब है” |

दावे मिलामें के किऐ जो रूहानी गरीब है”|

जो काबिल थे मुलाजिमत के, हूँकूमत को चल दिऐ |

नाकाम अब राहबर है ऐ क्या फरेब है ?

लेते है तमगा तोहफे जो पीछै छुपे थे,

खाकर वार सीने मे शेर तो सहीद है ||

बेताज बादशाह थे जो हेरा फेरी के |

जीते जो चुनाव तो बस महज ऐ ही शरीफ है |

कहो तो सफाई करेन्, मकँ|न का फिजा का |

दिल सफाई के वास्ते, क्या तरकीब है ?

डॉक्टर से परेसानी है खोजे नीम हकीम ||

पढै. का बोले बाबा, पाती लागै नीम ||

# 219 झुकना पड़ा

हम वो दरख्त हैन कि झुकते नही कभी ॥

फूलो का बोझा लाद कर झुकाया गया हमे ॥

बहते हुऐ दरिया है हम रूकते नही कभी ।

बंदगी का बाँ|ध बाँ|ध कर रूकाया गया हमे ॥

खुरशीद के माफिक हम सारे जहँ| मे रोशन ॥

बरसात कर दूवाओ का छुपाया गया हमे ॥

गूल ऐ गूलाब का गूलशन का ताशीर है हम हँसने की ॥

जूदाई कर अजीजो से रूलाया गया हमे ॥

# 220 चीनी सफर

खुदा के फजल से नसीब हुआ चीनी सफर सुहाना |

खुस मिजाज मौसम बादलो की दूनिया आकास आसिकाना ||

ताज ऐ हिमालय का सुन्दर शिखर समूह |

बाँहै फेलाऐ पेस किऐ हँसी नजारो का नजराना ||

ईस छितिज के ऊपर ऐक ओर छितिज जो मिला|

तो झरोखे से उसके गुलाबी मुस्कान को सलाम किया ||

बगल मे बेसुमार बादलो के नाचते झूमते रंगीन शक्लै |

बेपनाह मोहब्बत का जेसे हमे पैगाम दिया ||

पहुँ''चै चँ|गसा तो चीनी सागिरदौ ने ईसतकबाल किया |

पाच सितारा हुनान होटल मे सारा इन्तजाम किया ||

जहान भर के लोग मिले मौहब्बत का दिल लिऐ ||

अंग्रैजी मे महफिल जमी तालीम मजलिसे आगाज किया |

अनजान खान पान जुबान ओर वाहन चाल चलन |

सब चीनी भाषी अंग्रैजी भी ना समझते बाजार के अवाम ||

परियौ सी सुन्दरिया कराई खरीदी बस ईसारो से चला काम ||

बागो बहारो घूमते होटल लोटे तब आई जान मे जान ||

तीन दिन बाद भरे दिल से सबमें सबमें कहा अलबिदा |

दिये हँसी दुआ सुहाना हो सफर ओर हिफाजत करे खुदा!

ईस सफर के वास्तै मेरे ओस्ताजे को लाखो शुक्रिया |

# 221 सुखी

बलहीन कहै बलवान सुखी बलवान कहै धनवान सुखी

धनवान कहै साहिबान सुखी साहिबान कहै सुख मंत्री को होई ॥

मंत्री कहै कि कलाकार सुखी, कलाकार कहै अदाकार सुखी,

अदाकार कहै सुख ग्यानी को होई ।

ग्यानी कहै कि संत सुखी संत कहै कि महंत सुखी

महंत कहै सुख भगवंत को होई,

रसौ वे सह से जो रसे वो सब सुखी होई ॥

# 222 ना जाने

क्रूर ना जानत कामिनी के रस बहरा न जार्में राग सही है |

लोन के सेन्धा महीषी ना जानत | कागा ना जानत दूध दही है ||

खेती के सूखा को मेघ ना जानत, आग ना जार्में सामान नई है|

दंभी से जीत ओर बालू के भीति क्रौधी संग प्रीत नही निबही है||

# 223 जाता है

सराब से सरम जात। सागर पार धरम जात ॥

सारा सतकरम जात काम के प्रसंग से ॥

राज काज के नीति जात, मित्रौ के प्रीति जात।

जीत के प्रतीत जात, निन्दा चित्त भंग से ॥

जप तप के आश जात, लोगो के विश्वास जात।

सुरपुर के बास जात, सुरासुन्दरी रूप रस रंग से ॥

# 224 बढ़े

ज्ञान बढ़े गुणी ग्यानी के संगत | ध्यान बढे. तपसी संग कीन्है |

क्रौध बढे. नर मूढ़ के संगत, लोभ बढे. धन मे चित दीन्है ||

मौह बढे. परिवार के संगत | काम बढे. कूसंगत कीन्है ||

बूद्धी बिबेक बिचार बढै. गुरू संत सुसज्जन संगत कीन्है ||

छोटा दरजा है | भारी करजा है ||

ओसताज के ओर सागिरदा के ||

दाईददा के ओर संगी सखा के ||

# 225 मनोरथ

ऐ विद्यार्थी क्यौ वृथा, करे सौच मन मँ|हि |

भगतो को ईस जगत मे, कठिन काज कछू नाहि ||

समर परीक्छा राईफल कलम, रिपु प्रश्न भरमार |

निशा दिवस अभ्यास करो, मानौ बचन हमार ||

मानो बचन हमार, शिशिर को संगी जानौ |

निद्रा को करि त्याग, समय को तुम सम्मानो ||

समय भी सम्मामें तुम्है, ये शुभकामना हमारी ||

सफल मनोरथ होय, शिद्ध करिहै त्रिपुरारी ||

कदर करो किताब का, ओस्ताद के माफिक |

सजा सँवार के रखिऐ, ओलाद के माफिक ||

क्या है दिल मे किताब के, ऊसे यकीन मे लाओ,

फिर देखो, क्या है मिलता, ऑफतॉ|ब के माफिक ||

अब याद तो करेगे नही, मूस्कूराऐगै ||

सौचते है ऑन लाईन है, क्या याद आऐन्गे ||

फाइँगे जो किताब ओर चुटका बनाऐन्गै ||

फिर कर के वॉ|शबेसीन मे फेक आऐन्गे ||

वो पास तो हो जाऐगै पै आटौ चलाऐगै ||

लेकिन जो पढ़ पढ़ कर, किताब के कीड़| कहाऐन्गे ||

किताब ऊसे बहुत बड़ा टीका लगाऐन्गै ||

# 226 दिवाली

छा गयी चाँद बनकर सफेदी, दिवालो पर दिवाली मे |

होली भी चली है दिवाली मनाने रंगोली बनी हर गली मे ||

ऐ सितारे आसमा के आ गये है जमी पै, छा गये रोशनी मे दिऐ के,

आतिसौ का है बोलबाला, रोनक आ गयी हर कली मे |

मेरे दिलको दिऐ से बदल कर, जला दिये हो दिवाली मे |

मेरे अरमान को आतिश बन कर, चला दिऐ हो दिवाली मे ||

काली अमावस का सब्बा मे नूर से मसरूफ किया |

जुदा कर चाँद को आसमा से, क्या शिला दिये हो दिवाली मे ||

# 227 स्वागतं

हँसाया फूलो को खबर तेरे आने की,

फिजाऐ गाने लगा बरषात बन के झूमा है ।

आसमा शर को झुका कर ईस्तकबाल किया,

मंजिल खुद ब खुद आकर तेरे कदमो को चूमा है ॥

तू मिला मिलेनियम साल तो जमाना में भी कमाल किया ।

मोहब्बते रोशनी से झगमगाई ऐ जमीआसमा ।

हर गूल को हँसा हँसा के बुरा हाल किया ॥

# 228 रूखसती

तू खूब सूरत है ईसमे तेरा कुछ भी कमाल नही ।

ऐ अल्ला ताला के हाथो' का करिष्मा है ॥

ओर मै खूबसूरत हूँ आप ऐ जो कहते है,

मगर ऐ फकत आपकी नजरो का ऐक नजरिया है ॥

ऐ मुझै याद है कि आपको भुलाना है,

मगर मे क्या करू दर्द का ऐक दरिया है ॥

रूलाया फूलो को खबर तेरे जामें की ।

ऑसमाँ| सर को झूका बरषात बन रोया है ॥

कली यकीन कर ये दिल जो तुझपै आया था ।

पता नही था तेरे दामन मे ऐक भौरा है ॥

खुदा हाफिज मेरे अजीज तुम्हें तलीमी ताज मिले,

दोनौ जहान के मालिक के रहमतो का शाया है ॥

ईस नाचीज का सलामो शुक्रिया लाखौ'',

हरदम रहैगा याद जो सौगात तुने फरमाया है

# 229 परिन्दा

ऊम्दा दरख्त देख कर बसेरा किया ऐक परिन्दा ||

हर शाख पर खंदक सँ|प को रहै छुपा ||

खाकर खोफ परिन्दा कही ओर जो उड़ना चाहा |

पर यह क्या ? पैरो को गवे के गोन्द ने जकड़| ||

जान की अमान रखना मेरे खुदा |

यह आसरा तो मौत है अब तेरा है आसरा ||

अल्ला के करम से ऐसा करामात हो गया |

अभरे करम की भारी बरसात हो गया |

सँ|प छुप गए गवे धुल गऐ परिन्दा आजाद हो गया ||

# 230 दोहे

केवल पुस्तक के पढ़े नही होत सद्ज्ञान ।

जेसे नारी के चित्र से नही होय संतान ॥

साइन्स आर्ट्स कामर्स पढ़े ला पढि. खौया मूल ॥

धरम करम कूछ नही पता इंसानियत गयी भूल ॥

नाहर के नख मे बसी मुख मे बसे भुजंग ॥

बीछी पूछी बिष बसे कामी के अंग-अंग ॥

बिरह बान जेही लागिया ओषधि लगै ना ताहि ।

सिशुक सिशुक मर मर जिऐ रहै कराहि कराहि ॥

"श्री मणि रंभा वारुणी अमी शंख गजराज ।

कल्पवृक्ष शशि धेनु धनू धनवंतरि विष बाज ॥"

सरकस मे शर कस दिऐ शैर हुऐ लाचार ।

स्वान सभाई कर रहा चला रहा दरबार ॥

काक करे संगीत ओर कोयल का हुआ अकाल ।

सिंह बिचारा दुबक गया, दबंग घूमे श्रंगाल ॥

गदहा को गमला दिया बंदर को बंदूक ।

चोरहा को चाभी दिया डाकू को संदूक ॥

# 231 बदनामी

ऐटम बम ने बिज्ञान को बदनाम कर दिया |

अंगड़|ई सत्यकथा में साहित्य को बदनाम कर दिया ||

बे शिर पैर की बात हो गयी आजकल की कविता |

शोर सिनेमा का संगीत को हैरान कर दिया ||

गलती से भी कोई अपना काम कर दिया |

सोचते है कि हमने बड़ा एहसान कर दिया ||

जनता लुट रही है क्यौंकि जनता का राज है |

शासन नही सूनती क्योकि क्योकि जन आवाज है |

मजलिस खाली है ओर महफिल भारी है क्या राज है?

# 232 ज्यौतिषीजी

भाल बिसाल त्रिपूण्ड सँवारे, खड़|ऊ" धोती पीताम्बर धारे |

लंबे बाल तुलसी के माल डारे ||

एक ज्योतिषी जी मेरे घर पधारे||

मैंने बंदन कर दिया उन्है आसन |

बोले भैरी गुड भगत होय सदा कल्यान ||

मे बोला मेरा हाथ देखिऐ कब मिलेगा अनूदान ||

मुझै भूकंप पूर्वानुमान का करना है अनूसंधान ||

देख कर बोले ऐसा कोई लाईन दिखी नही है |

आपके राशि मे राशि नही लिखी है ||

लकीर घिस गयी है करते करते काम |

फिरसे लकीर उभर जाऐगा यदि ज्यादा करो आराम ||

खाना भी चम्मच से खाओ चंमच है चीज महान |

अच्छा अब ज्यादा समय नही है करना है प्रस्थान ||

जरा जल्दी से रुपिया सवा दे दो हमको दान ||

दान पुन्य का डालो आदत तभी होगा कल्यान ||

नही तो सब है, श्री राम जय राम जय जय राम ||

# 233 हिसाब

अपना नही गैरो का किसाब रखते है |
बेवजह वो सवाल लाजवाब रखते है ||
या खुदा दे दे अकल ईन अकलवालो को
दोस्ती का नही दुश्मनी का हिसाब रखते है ||
खुदा ने है दिया मुझको मेरी औकात से ज्यादा ||
ऑसमाँ| है ऊमीदो पर कि दिल आजाद रखते है ||

# 234 प्राकृति की पुकार

प्राकृति रही पुकार ना मेरा रूप बिगारो रे

ना जीवो को संघारो रे न बन के बृक्छ उजारो रे ॥

मे हूँ" तेरा भागबिधाता, थक गयी अब तो सहा नही जाता। ॥

पवन को करो ना कारो रे ना मुझको शौर से मारो रे ।

मै तेरी ममतामयी माता । प्राण अन्न जल सूबिधा दाता ॥

पर अब गई मे हार ना जादा खनिज निकारो रे,

ना नभ के छाती जारो रे । ताप से मुझे ऊबारो रे ॥

मैं जग के सब जीवन जाया । बुद्धीश्रैष्ठा तूझै बनाया ॥

बना बुद्धी पतवार परदूषन से तारो रे ।

न जेविक शास्त्र संघारो रे ना ऊपर आग बिठारो रे ॥

# 235 बेरुखी

क्या सोचती है ?- अपना दीवानी ?

क्या बोलती है ? बादलो की रानी ||

रिमझिम पानी के माने ड्रीजलिन्ग |

जादा दिलजलीन्ग लागे राजा जॉ|नी ||

कर गया गमजदा अजीजो की बेरुखी |

या खुदा ! इससे अच्छा परायो की दोस्ती ||

महार महानगरो मे बेखौफ घूमा |

कितना है खौफनाक है इस समंदर की रोशनी ||

सतायौ को सताते है बहाते दर्द की दरिया,

कभी आशिक थे जो अब करते हैं” मेरी तसवीर से परदा |

खुदा का खौफ खाओ ओर न छीटौ खून का कतरा ||

जला कर खाक कर देगी जो ऐ है आग नफरत का ||

जंगलो के दरख्तो को, सलीके से सजा देखा |

कोई बेहिसाबी उलूल जुजूल फिजूल नही देखा ||

ईमानदारी जादा है बेईमानी के काम मे ऐ उसूल देखा |

तालीमी गुलशन मे कान्टे ही कांटे हैं, एक भी न फूल देखा ||

# 236 गलतफहमी:

नॉ|न ऐनी मेनशंस ओबजरवेशंस नान फेय्यार हीरंस ||

और तो और खुद को दोस्त बताने वाले,

पीठ पीछे उमदा दगाबाज होते है |

कायदा न्यूटन्न का है टुनटुन, आग मे पानी ओर पानी मे आग
होते है ||

गलतफहमी पालो तो लोग खुशमिजाज होते है |

तालीमी जहँ| मे भी आग है, रसके रिवाज होते है ||

गमजदा देख के हँसते है अंदर से,

मगर दिखावा को मगर भी रोते है |

ढूढ़| चिराग लेके कोई मददगार ना मिला |

फूल दिखाकर काटे बोते है |

महज ओसताज हैन् जहँ|भर मे बिखरे हुऐ |

मूझै पाले ऐसे फनकार सँ|प आसतीनो मे होते है ||

कूछ कुछ तो, चूहै भी नही मारे, आज तलक जो |

हमे हिरन कह कह कर कह कहे लगाते है ||

खूद्दा बचाऐ ऐसे सागिरदो से ? ओस्ताद बना के झूकाते है |

ऐक ओर गलत फहमी है सारे जहान मे,

कि जैसा दाना खाऐ वैसा ही मिजाज होते है |

मँ|न्साहारी ऊमदा ज्ञानी साधू खुशमिजाज होते है ||

डॉ. हिरन दास महार   ✳   263

# 237 गद्दारी

खा गयी खुद्दारी को ईस दुनिया मे गद्दारी ने |

ईमान को लूट लिया ईस लेन देन दारी ने ||

खुदा खेर करे आबे जम जम बक्सै ईमान वालो को,

जालसाजीके जलजला मे जला ईमान दारी ने ||

यकीनन ऐ दौलत शाने शौकत का सामान हो गया |

वफा का सान, ईमान का आन, हाल बेहाल हो गया |

आज सरेआम सही काम का हलाल हो गया |

मादरे वतन का सीखा जो अदब करना,

खुदा के नेमतो से वो मालामाल हो गया ||

वतन परस्तो नजर अंदाज ना करो काम को अंजाम दो |

दफन करो बेमानी को मत बिको मत दाम लो ||

जाना है खाली हाथ तो कुछ दे कर जाना,

मुकाम दोस्ती का रखो ओर खुदा का नाम लो ||

# 238 वतन परस्ती

मौहब्बते रोशनी से जगमगाई ए जमी ओर आसमा ॥
हर दरख्त के शाखौ पर यकीनौ का परिंदा |
वफा का खुसबू यहँ| के जर्रे- जर्रे मे "
ईसीलिऐ हिन्दूस्ता का अदब करता है सारा जहँ| ।

# 239 नई सदी

नयी सदी के लोग मोबाइल मे राज काज करते है ।

बेईमानी ओर हराम की कमाई पर नाज करते है ॥

परिन्दै का पर कतरकर लेते है मजे लोग ।

लूट कर आबरू बेबश की जवानी आगाज करते है ॥

ईमानदारी रो रही है किसी कोमें मे दूबक कर,

ओर मक्कारी कहकहा लगा रक्खा है ।

थर थर काप रहै है वफा होसला वतनपरस्ती,

देखोतो गद्दारी में परचम कहँ। कहँ। लगा रक्खा है ॥

झॉ।क कर अपना गिरेबान जरा देखो हीरन ।

नफरत ही नफरत को सलीके से सजा रक्खा है ॥

अजी छोडो जमामें को बात करो अपनी तुम,

ईश्क को परिन्दै को कहँ। छुपा रक्खा है?

नई सदी मे लोग सर झुकाने से डरते है ।

झूका सर देख कर लोग कलम करते है ॥

# 240 चाहिऐ

खुदा से मिलाने का काम है ईमॉ|मा |

दरजा अगर दर दरगा नसी हो ||

ईलमौ हूँनर तो ओसताजे जिम्मा |

परदा अगर सर पर परदा नसी हो |

लाजिमी है बहकना बेखौफ होके,

दिल मे अगर हँसी दिलरुबा बसी हो ||

न वफा चाहिऐ ना खफा चाहिऐ |

ना जघा चाहिऐ ना पघा चाहिऐ |

बस खुदा चाहिऐ वोक् सगा चाहिऐ ||

वेसे शिवाय ओस्ताज किसी की ओकात नही मेरा मदद करने की||

कयौंकि गनती का बड़का गन्ता चाहिऐ ||

गा.डी वाली गफलत करदी तो तगाड़ी वाली

सफलता करदी हे देवी मेरी मंता चाहिऐ ||

समझने वाले समझ गए होंगे तो शायरी है |

नही सयझै तो अर्जै शैर है श्रौता जंता चाहिऐ||

# 241 बेवफाई

जिन्है हम जिन्दगी भर मौहब्बत करते रहे ।
वो हमे जलाने को समा जलाऐ बेठे है" ॥
जिनकी कदम बोशी की नजरे बिछा कर राह पर,
वो सर कलम करने हमारी खंजर छिपाऐ बेठे है"' ।
सोचाथा मारडालेगे जाम पिला पिला के नजरो से,
वो नजरे बचा कर जाम मे जहर मिलाऐ बेठे है' ।
खुदा का शुक्र है ओर दुवाऐ आप नेक बंदो की,
बेअसर ईनका सितम ओर ऐ सर झुकाऐ बेठे है ।

# 242 रोनी सूरत

तलासा जो महफिल तो बड़ा बीरान शहर निकला |

परदे के पीछै चैहरा ऑसू से तर ब तर निकला ||

किसी की नजर लग गयी कि हमारी नजरे नही लगती,

कि कसम निकाह का भी आज बेअसर निकला ||

किसी की बद दुआ का जाम पी ली है वो,

मिन्नते कर लिया बोसा तो बस जहर निकला ||

हमे झुका सके किसी की क्या मजाल ?

आज मे उठ ना सका कि कहर दम भर निकला ||

खुदको कुरबान कर दिऐ वफा के नाम पर |

मेरे जनाजा उठाने को फिर ऐक खबर निकला ||

या खुदा ईश्क होता तो यू"' आसिक को न रुलाया होता ||

मरहूँम कर ख्वाबो को न सबे गम मे सुलाया होता ||

गर हसीन हसरत होती मौहब्बत मे, तो?

सूकून की मंजिल होती ओर ईलाही शाया होता ||

# 243 मोहब्बत

मोहबब्त के बदले मे बेरुखी से सताते है ऐ |

तन्हाई का कफन लपेट कर नफरत से जलाते है ऐ ||

कर खाक मेरी अस्मत दरिया मे बहाते है ऐ |

ओर कहते है कि ताज बनाऐगै मेरे सौगात मे,

या खुदा ईसेही मौहब्बत का तरीका बताते है ऐ |

बोसा लिया लबो से तो फन हो गया |

गजल से ईश्क आज यकीनन हो गया ||

ई अंगूर की बेटी में क्या गुल खिला दी |

कि हया का नशा हिरन हो गया ||

कोई खत ना लिखे तो हम खुद ही लिख लेते है' !

पानी नही मिली तो चलो आग ही पी लेते है ||

मेरी जान तू ना मिली तो कोई बात नही है |

कर दौ हमे तन्हा हम तन्हा ही जी लेते है ||

मुझे बदसूरत बना कर हँस रही है आईना |

अब जहर ही है जिन्दगी ओर जाम है दर्द दवा ||

कुछ सॉ|प है' पाले हुऐ हमने आस्तीनो मे,

अपमें ही चिरागो में जला दी है हमारी आसिया |

# 244 सफर

चले जो सलीके से सफर पर, तो पहूँचे वही पर घूम कर |

मंजिल मिली जब डगमगाऐ बहक कर हर जाम पर ||

लोहा हमारा मानते है राह के रोडे. सभी |

खिलमें लगे हैं फूल अब, कँ|टो के भी शाख पर ||

सुक्रिया खुदा आप मुझे क्या नेमते क्या दुवा बक्सा |

तालीम के तस्वीर का मे ताज बन गया ||

बेताल बेहया बेसकीमत बजार मे गया तो,

सुहाना सरगम का मे साज बन गया ||

आग भी आज तो बन गयी जल परी |

ईश्क का परिन्दा हवा बाज बन गया ||

बच्चौ : फोन मे बोली बिल्ली, हेलो हलो सहेली |

आज मेने काज ऐक कीन्हौ अखंडा है |

चूहे की पकरि पूछ, कीन्हो हम बहुत कुछ |

भागी जो छूट के तो फेक के मारा डंडा है ||

बोली छिपकिली कि मेने भी कमाल किया ||

सँ|प का सिकार किया, पूरे को डकार दिया |

ओर कबूतरी के फोड़ा तीन अंडा है ||

# 245 जाम

जमामें को हिला दे जो उसे ही जाम कहते है |

करे गफलत जो हर गम को उसे बेगम कहते है |

नजर हो जर्रें जर्रें मे ईलाही नूर वो साहिब ||

दिल से दिल मिला दे जो उसे पैगाम कहते है ||

गज्जू गामी अज्जू रानी क्या मस्त मतवाली चाल है !

लहराए सूण्ड. तेरी लंबीचोटी कि सरके शेष जेसी काली बाल है |

कि पूजा भी ड्रुप्लीकेट डबलिड़.ग होता है |

कि तरज तेरे नैना नैना मे सुन्दरकाण्ड सिंग होता है |

देख नजारा, तेरे नजरो मे कजरा बालो मे गजरा ओर माथे पे टिकली |

पता ? ईश्कै नजर वाली अभी तू नाजुक सी कली ||

भोली भाली हो रंगीली मगर सर्मीली नही |

गुलाब गुलाबी ही होना चाहिऐ लाल पीली नही ||

जहँ|भर मे रासबिहारी सी रशिया कोई है ही नही |

नजरिया ओर नजारो मे, वायूयानो के गलियारो मे

जलवा छाया है तेरा जहँ| भर के बहारो मे ||

# 246 गधे

इधर भी गधे है' उधर भी गधे है ||

जिधर देखता हूँ गधे ही गधै है

घोड़ो को मिलती नही घास देखो,

गधै खा रहै है' चमनप्रास देखो |

किताबो के गट्ठर से सब लदे है' !!

अधिक जागते है, घोड़े जो होते,

गधै सुस्त रहते है', है' ज्यादा सोते |

सोने के जंजीर से सब बँधै है' ||

इधर भी गधे 'है उधर भी गधे है',

जिधर देखता हूँ' गधे ही गधे है" ||

# 247 सनम का याद

तन्हाई मे उनके यादो के खलल से पूरी इबादत न हुआ |

हम जहान न घूम सके तो जहान ही घूम ने लगी,

तो भी मुलाकात न हुआ ||

दुनिया सिमटती गई फिर भी दूरियँ| बढ़ती गयी,

मेरे दिलवर से दूरभाष से भी बात न हुआ |

ऐ समा कहदे जाकर कहना मेरे सलाम के बाद |

तुम्हारे नाम की रट है, खुदा के नाम के बाद ||

डरता हूँ मे डालते हुऐ रोशनी,

मेरे चिराग की लो से, जल ना जाऐ कोई |

ए मुझे याद है कि तुम्हे भुलाना है,

कि तेरे यादौ की तपिस से पिघल ना जाए कोई ||

नादानो के आदत है नफरत की आग से जलना,

मेरे कलाम से मचल न जाऐ कोई ||

बंदगी या खुदा मेरे लफ्फाजो की खैर रखना,

तेरे रहमत की नजर से निकल न जाऐ कोई ||

# 248 घूस (छं.)

यहाँ रकम का लूट है, लूट सके तो लूट।
अंतकाल पछिताएगा जब कुरसी जाएगी छूट।
कुरसी जाएगी छूट मिले ना अवसर ऐसा।
अभी समय है लूट का लूटौ जम कर पैसा।।
हीरन जन कंगाल हो करे गुहार कहाँ ?
भ्रष्टाचार को ही शिष्टाचार माने सभी यहाँ।।
करेप्शन को कोपरेशन समझै सारा जहाँ।।

# 249 हवाई सफर

खुदा को याद किया तो ये नसीहत मिली ||

आऐ जो कोई आफत, बन जाना परिन्दा ||

नीचे जमी नीली ऊपर आसमॉ| नीला |

संगमरमर की सड़क पर उड रहा ये काफिला ||

झाँ|क कर झरोखे से बाहर का नजारा किया |

बरफके बादलो के टीले दिखे कोई दरख्त ना मिला ||

अपने दामन मे समेटे हूँऐ हम याद भारत का |

कोई सिकवा सिकायत नही ना ही कोई गिला ||

नजर भर भर के पिलाई मिली जो एक शाकी |

जहान का खबर दिया जाम पर जाम पिला ||

जमाते साहिल में क्या मेहमान नवाजी की |

कि जेसे हमने कोई फतह किया हो किला ||

कदर दान हर इन्सान मददगार हर मोहतरमान ||

उस वतन के गुलशन का हरेक गुल खिला - खिला !!

बाजार मे बाम्बै ओर बहार मे काश्मीर मिला ||

देखाजो जामिया मिलिया तो मिला विज्ञान भवन बिरला ||

खुदा के करिश्मा से एक उमदा ओस्ताज मिला |

सागिरदी भी मिली महफिले जिन्दाबाद मिला ||

लोट के आया हमवतन तो दोस्तो में दुवा किया |

खुदा कायम रखे ए सुहाना सफर का सिल सिला |

तो भी मेरे अजीज बादसाह का दिल न हिला |

दुनिया दारी के गफलत मे वो गऐ तिलमिला ||

# 250 बदलती दुनिया

ब्याही बेवफाई करे लभर लगावे पार |

केवल दोस्त ही दुस्मनी करे उलटा है संसार ||

राजा थे छूते गुरूचरन, अब गुरू नमता |

पहले घी से शब्जी बनता था अब शब्जी से घी बनता ||

पहले पुरूष अधोवसन मे थे, अब नारी अर्धाङ्ग |

अब साधू बुद्दू भया भगती हुआ अब स्वँग ||

तप बल तन बल बुद्धि बल रही नीति की जीत |

अब केवल छल बल रहा समर वार छिप छीप |

पहले देत्याकार थे, अब है राक्छस सूक्ष्म |

चम्मच की चाहत ब.ढी, पैसे का है पृ^छ || ||

तरसें" नौकर बनन को, मरे के समय आक्सीजन |

सुहाग संग श्रृङ्गार बिना, जाय बजरिया बन ठन ||

वादन नाचन तुच्छ था, अब दौडे. दौडे. जाय |

पहिले दु:ख मे हाय था, अब है मिलन सुख हाय ||

पहिले जनता लड़ती थी, राजा करते थे न्याय |

अब राजा लडे. चुनाव जनता के द्वारे जाय ||

छौटी अपनी लेब अठारह वीणापाणी भवन |

हवा चले तो मूह फुले ऐ बिना पानी मकान ||

# 251 विज्ञान

मानव का मानस सुवन, पालित पोषित विज्ञान |

बाल सुलभ क्रीड़| करे, सुखमय करे जहँ|न ||

सुखमय करे जहान लड़कपन आग्या माना |

प्रौढ़ भये रस प्रेम मे भोतिकी अंक समाना ||

हीरौं भगत विज्ञान का पै क्यो बना बम ऐ दानव?

संकट मे धरती माता भस्मासूर है कि मानव ||

केन्द्रंकीय ऊर्जा ने बिज्ञान को बदनाम कर दिया |

बेसकीमती जान का काम तमाम कर दिया ||

सोचे थे वेग्यानिक लोग कि इससे तरक्की होगी |

पर आज सरेआम मंजिर ए मौत का पैगाम कर दिया |

बी.ए. एम.ऐ. एम. फिल किऐ, किऐ ऐल ऐल बी पास |

नौकरी तो मिली नही चेला हुआ उदास ||

चेला हुआ उदास नौकरी मिलती नाही |

चिन्ता बढ़ती जात उमर की गिनती माही ||

हीरो अंग्रैजी पढै. चल दिऐ तेल लिऐ ||

अच्छा होता कुछ काम सीखता अंदर बीऐ ऐम ए |

# 252 लोभ

बियाबान बनराज बीच...लोभ बिराजी आय |

सबे लाभ भक्षण करे, तबहूँ नाहि अघाय ||

तबहूँ नही अघाय लोभ भूखा के भूखा |

जीवन गयौ बढ़|य भयौ तन रूखा सूखा ||

हीरो शांति खौजिऐ जो मिलवावे भगवान |

भगती अलौकिक कर चले, जग जंगल बियाबान ||

# 253 वर्षा छं.

अम्लवर्षा: वर्षा बरषै ठंड मे, घना धुन्ध जब होय |

गा.डी के धुवा मिले हवा मे, तब अम्ल के बर्षा सोय |

वर्षा वर्षै रात दिन, शहर गाव बन बाग |

भीड़॰गै पर ना घट भरे, पंछी प्यास ना जात ||

पंछी प्यास ना जात पौधै सूखी की सूखी |

होवे पंन्द्रह रोग प्रजा ओर प्राणी दु:खी ||

हिरौ भीगो बरषात मे, प्यासा बिन पानी तर्षा |

अंबर झुक झुक देख रहा ऐ केसी बर्षा बर्षा ||

भूकंप: विनय सुने सज्जन सकल, छोटे ब.डे तमॉ|म |

 सुना होयगा आपने अर्थक्वैक का नाम ||

अर्थक्वैक का नाम जब जग डगमग-डगमग डोले |

कभी तो केवल धरती कँ|पै कभी प्रलय मुहँ खौले |

हिरन दु:खी नही खोज भै पक्का पूर्वानूमान |

सब मिल जुल कर करे" सविनय मेरो आवाहन ||

# 254 बैर

गॅंव गॅंव मे कॅंव कॅंव, ऐक दूजे से बैर ॥

थाना पूलिस अदालत बाजी नही किसी की खैर ॥

जर जोरू जमीन के आगे कुछ नही सकते सोच ॥

नीम हकीम मुनीम सब जनता को रहै नोच ॥

# 255 वायु प्रदुषण

हरित वनो के नाश से, हरित भवन प्रभाव ।

संतापित संसार भै, प्रलय पसारा पाँव ॥

प्रलय पसारा पाँव, प्रदुषण भारी छाई ।

छिति जल गगन समीर तपी, विकीरन ज्वाला आई ॥

हिरन हृदय आकास का ओजोन को छैद करे ।

सरंक्षण संसार हित पौधे रोपै हरे हरे ॥

धूप बताई बाग को, धुन्वा हुवा जंजाल ।

छन छन आने मे हमे बुरो हमारो हाल ॥

बुरो हमारो हाल पवन को साफ कराओ ।

होय प्रदूषण दूर पौधै ओर लगाओ ॥

हिरन छिला दिल गगन का छिति जल हुई कुरूप ।

संतापित संसार को देख दुःखी हुई धूप ॥

अदब करो इस जहान का, हसीन करिश्मा कुदरत का ।

आबो हवा मे मत मिलाओ जहर नफरत का ॥

गद्दारी की गंदगी ना डारो दरिया के दामन मे,

देखो दरख्तो पर नजारा, परिन्दो के हसरत का ॥

# 256 सर्प का दंभ

शिव शीश बिराजत सर्प ने, देखा जब खगराज ॥

ब्यंग बचन बोलत भया, पंछी कहँ| को जात ॥

पंछी कहा को जात, सुनत मुस्काय खगैशा |

सान्त भाव शिवनमन करि, दीन्हो श्याम संदेशा ॥

हिरन पूज्य संग खल रहै, स्वयं को श्रेष्ट बतावत ॥

होत सर्प को ज्ञात यदि न शिव शीश बिराजत ॥

# 257 सखा

आप कविता की मुस्कान है ओर शायरी की सान है ।

आप कल्पना की उड़ान है, या मूर्तिमान विज्ञान है !!

आप चाहे जो कुछ भी है ॅ आप ही जाने ।

यह तो तय है कि आप ऐक सखा महान है ।

आप आग को पानी बना देते है ' !

गम को खुसी ओर मौन को वाणी बना देते है ॥

पत्थर को फूल बनाने की कला है आप मे ।

बचकानी बात को भी सयानी बना देते है ।

दुवा देके नई सदी की दीवानी बना दिऐ ।

खुदा करे वैज्ञानिक बन के आप उभरे ।

आपके चमन के फूलो की महक दुनिया मे बिखरे ।

इस नाचीज की दुवा है, शिष्य सफल हो आपके ।

नया इतिहास लिखे ओर नया निखार निखरे ॥

# 258 कान्हा

जशुदा के गोदी बसे, शीश कालिया नाग |

गोपिन के तन मन बसे, बृन्दाबन के धाम ||

बृन्दाबन के धाम, बसे शिला भक्तन के |

खंभ बसे प्रहलाद हित, बसे मीरा के नैनन मे ||

हीरन के हिरदय बसे, ज्यौ जीवन मे राधा के |

वाणी बसे सूर रसखॅ|न् के, है लाला जशुदा के ||

कान्हा तेरे रूप की ब.डी अपूरब बात |

मन दृष्टि जो लग गयी, देखत ही रहि जात ||

देखत ही रहि जात निराली प्यास ये केसी |

पलक बंद ज्यादा दिखे, जल त्यागै तब तृपति ||

प्यासा हीरनदास, कभी तुम भूल न जाना ||

हम तेरे आधीन पिलाना हर पल कान्हा ||

कान्हा तेरा रूप है, मधू द्रब्य का कूप |

पंगु पान कर गिरि च.ढै, रंक पिऐ भै भूप ||

रंक पिऐ भै भूप पार लागा जो डूबा |

वो भागा भव डूबा येसो तेरो रूफ अजूबा ||

हीरन सदा आशान्वित, कबहूँ मिलिहै रस पाना |

कलिकारन प्रत्यक्ष नहि, तबो सपमें महु कान्हा ||

# 259 उल्टा

नीन्दक नीयरे राखिऐ || उल्टा है || राखौ प्रशंसक साथ ||

समझ लीजिऐ स्टैरिइ॰ग हो स्यामश्रीजी के या सल्यमॉ|मा के हाथ ||

डिभोटी : "ॐ..... गरभादामाजास...गरभधं....|"

श्रीगणैशजी : "बच्चा सट्टाप ? दी मीन कीमीदं ?"

डिभोटी : आप ब्राहमाण्ड के केन्द्र मे आकाशगंगा,

ईसके केन्द्र मे सौरमंडल, ईसके केन्द्रमे धं धरती मेया है!!

श्री गणैशजी ग्रैसिइ॰ग:| "ओके-ओके केरी ऑन...|'

शुभंप्रभातं अवश्यं संभू यथा भवता ||

तदा तमापि शुभं रश्मि पस्यता ||

फलतः ऊच्चशौधै घनातमोक∗क्छा निवार्यता ||

अंदरं पलेमेंटोरीयं ईदं कृत्रिमतारा मंडलाकृता ||

# 260 मैहर

संगीत की देवी मैहर बसी || मोहनी देवी बसी आसाम ||

समय की देवी बसी कलकत्ता || बसी नटेश्वरी शीजी, बरौर ग्राम||

जितमें बड़का काम, ऊतमें ज्जादा परेसान ||

जितमें बड़का नाम, हलाकान हे घनश्याम ||

लोगो को मेरा तोहफा से रस्क होता है जलन, ||

पर, वे मेरे पावो के छालो से है अनजान ||

भयी, मंतर पढ़ना पंडितजी के काम .

उसे सोचना सझमना श्री भगवानजी के काम ||

अक्सर होता तो यही है कभी सुनना मंतर ||

संस्कृत होता है पर न श्रोता न वक्ता किसी को भी नही खबर |

हिरण की किरण ! रख ईस्मरण ! कि हँसती रहो, ओर कदा सदा प्रदा विवरण | |

# 261 बाधा

ससूरार एमडीजीआर ओर सफर | तीनौ दशा मे डिस्टार'ब् |
रीड डीड मूजिक् ऐण्ड प्रेयर || साईन्स मेथ सौओलेशन नीड्फर ||
भूत पिसाच प्रकट होई जावे || महावीर जब नाम सुनावे |||
जे बजरंगबली हनुमान || भूतनीजी को पकरि के लावे ||
हमारे साथ जे सियाराय गावे ||| ऐन्ज्वाय डियर ईम्प रेड |
दौज टू लभ नॉ|र ऑफ ऑफरेड ||

# 262 अनर्थ

उ+ई = ऐ ?,<=> # (यदिसही), बीजमंत्रं (सिम्बल) ऐम् = अथेना
~~ ॐक्लीम्सः =>

यूबी बेमें ईबी (ट्रीदेवाह् ) ~~ यू+ टी + ई ( ब्र., काल, ऊर्जा,):
वर्णानामर्थ संघानाम् रसानाम् छंदसामपि

मंगलानाम् च कर्तारो बंदी वाणी विनायको!!! रा∗1/1/1) अर्थात्?
नमः कखगघ..तः अग्या∗ पर्यंत ||

ततः ककहराहा, क्रमसः शबदाह् वाक्यानाम् च रसछंदालंकारः
ईदानीम कविताइ॰गाइ॰ग बंदनं हनुमंतं, सारदाम् च गणैसं नमः||

अब इसमे ऐस. शी.ऐस. टी. चार वर्ण कहँ| से आ गया ?

जबकि ऐ स्वरो ब्यंजनौ सिम्बल्स संख्या है |

ऐसे ही हिन्दी मे है 'तीन पँ|च'' ! .ढोल गवारसूद्र पसूनारी ||

सकल ताड़ना के अधिकारी || ( सु.का.) चौपाई कहै तीनो को
कड़|ई करेन् ||

गलत अर्थ लगाऐ कि पँ|चौ को सताओ ||

बोले 3 में ई 5 ? टबला च.ढा ले, मूर्खसूद्र ओर गाय बेल को
साटी चला सकते है ||

इसमे महीला कहँ| से आ गई ||

भैसा या बेला, गोवंशी पसुनारी है जिसे नागर साटी चला के
किसानी करिऐ ||

ऐ नही कि नारी को सताओ | ऐसेही दुर्गा सप्तमी के सारदा मेया को सीतला बना दिऐ ||

वो हंसवाहिनी है || धनात्मकं सत्यार्थं भवंन्तु ॐक्लीम्सः सारदेनमः !!!

# 263 कोयल

क्या करती है जानेजा तुम अपनी दुनिया मे ||

आमा के डाली में बेठ कूहूँ 2 कूका करती है ||

क्या करती है जाने जा गरमी के छुट्टी मे ||

गोपाला के गूनसून गाया करती है ||

हाऊ ड्यूड़ू डबलब्रैकर, शी सिडियर डबल डेकर ||

होलीडेजहोल भैकेशन गोल हाऊ ड़ू यू ड़ू तूशी देयार ||

ईस्लामिक ऐण्ड क्रिशचन वारडेन्ज,

द डिभाईन नीम्भश् पारमामेंन्ट्|

बट सर्च ह्वैयर अवर हैयार टीचर,

कुड गो ऐनीह्वैयार फॉ|र ब्वाय बार्थ ||

# 264 वकील

ह्वाट ओप्पोजाइट वाइज? कील टू वील ईज हीज प्रेइज ||

मानाकी वकीलो को छूट झूट के है ||

सुन्दरकाण्ड बोलके लेगै हुआ खाली पार्टी शूट है ||

गूरू अगर कम खुसी सँवरे स्यौर सकाम ||

ओर अगर्र ज्यादा खुसी, खजूर के उपर बेकाम ||

केसे कि भैजे चैकर को तो सूधारो ओर रेकेमंड |

जादा फ्रैस्स प्रेम मा डाईरेक्ट प्रेस ऐ नखरा पसंद ||

हुआ ऐसीच रहा होगी सर जेसी बोष सर का सौध मारकोनी नामंद ||

यत्रेदं शोकविनाश हारिकं || कपित्थ जम्बू फल चारु भक्छड़म् !!

# 265 कॉपी जँचाय

यूनौ !!! कॅप्पी जँचाय सँयशँय ? ऐकदा खौखर सरजी बोले :

तुम्है जो नं. भरना है भरो ओके है, पर जरा पढ़ तो लो ?

लिखा क्या है || तुम मेरे से गप्प छाँ|ट रहै हो

ओर धड़|धड़ नं. भर के पन्ना पलटते हो !

हाँ| सर सही जाँ|चा हूँ* नं. भी काटा हूँ ||

बस आप कुछ बताते रहिऐ ||

अभी काम खतम!

जिनको पिताश्री का कृपा आग्या ओर आशीर्वाद रहता है ||

वो विद्या ओर धन से संपंन होते है ||

# 266 पित्र दिवस

पित्र दिवस की बहुथ बहुत शुभकामना ||

एफबी का शार्ट वीडिओ वक्त चोर है परन्तु,

शिखंतू दुनिया कुत्र गच्छतु हे पाके चूलहा फुकंतु?

ॐ वीणावादिनी मंदिरे राग्यानुभवामि !!!

ओम्म्हामाता धामे अहं जयं वरामि ||

गुरूगृहै वयं हर्षामि च श्रीश्यामगृहै श्रीम् वर्षा पश्यामि ||

च शिवालये कपीशालये संगीतं शोधामि || परंतु

हे श्रीम्मानसा देवीमाता !!! तव धामे किम् ग्लानिर्भवमि ???

प्राच्या वेद्यः नाडी परीक्षण कृत्वा व्याधिकारणं

अशौधति तदुरान्त ओपचारति ||

ईदानीम पंचना.डीनाम ई.डा पिङ्गला शुसुम्ना

गृहनाणी च वननाणी कदा चरंती ?

अर्थात् मध्यम तीब्र अथवा मंद प्रवाहति |

कस्य पस्य वात्तं पित्तं याम् कफं कुपति ||

योगं तनतापं किम् च नाणीगणनाति ||

अतःमातिमनसे त्वमेदं कृपया पस्य पस्य

ते बंदितामि त्वं शुभंशुभमाति भवंति अतिरात्रिह् |

ॐकलीम् सः !!! अर्थात्..मेया काली ही सारदा है ||

स्वामी विवेकानंद यथा है ||उनकी महान कथा है ||

डॉ. हिरन दास महार ✳ 295

# 267 चित्तूराम

जो बनी आओ सहज मे ||

तो जल्दी बन जाओ बनज मे ||

बन जाऐ काम बनाऐ से |

पट जाऐ श्याम गुणगाऐ से ||

चित्तूराम लगा चित्त को मगज से ||

# 268 अंग्रैजी

वट पीपल तुलसी साजा साल कदंबा नीम ||

ईण्डीयान ओरीजॉन, बट नाट यूकेलीपटीस ||

अति विचित्र काला कान्हा के करणी ||

संस्कृत नही पढ़|ते, साइन्स को तापरणी ||

मे बोला रॉग तो मुझे सही बताकर, मुझे गलत शिद्ध करणी?

नौ साहिब ! ना हम जानेगें ना मानेगें हमे केवल है फेल करणी?

ईण्डीया के बाहर, घूमेगा बनके बुद्दू ||

12 मे से ऐक नापता सिम्पल प्रजेण्ट बाणी ||

12 वी तक क्या पढाया अंग्रैजी नकल करणी ||

ऑन ए साईड ईन्गलिस ईन प्राईमरी ||

आन अन्नूदर टॅ|प साईन्स, हिन्दी बाऊण्ड्री ||

विज्ञान विज्ञान होता है बिलकुल भी कोई जज्बात नही ||

अगर प्यार है अगर नफरत है या कोई रसछंदालंकार्हैं |

तो वह विज्ञान की बात नही ||

# 269 झूठ

साच कहै तो मारन धावे झूठो जग पतियाय ॥

कहै कबीर सुनो भई साधे जगत गयौ बोराय ॥

काहै छुट्टी कराते ? मेरा केला पौधा मुरझाते !!

सब को मजा आ रहा है भैकेसान से ॥

अपना ओठताता, ताता पानी ठंडवाते ॥

# 270 सावँरिया

देवी नचनिया हो.......... ओ |

नाचै झमाझम कंम्मरिया लचकाय ||

ओं' पार बरोरि बसि जाय ||

हमरी सावँरिया हो.. ..... ओ |

मारे नजरिया ता दिलवा के पार होई जाय ||

ओ मेंना मिला के मुस्काय |||

श्रीकृष्णा कन्हाईया हो.... ओ |

बंसी बजाऐ तो दुनिया ईसकान होई जाय ||

कन्हैया दिल मे बसाय....!!

तेरे याद मे कन्हयिया, बरबाआद हो रहे हैन् |

ना खूब खा रहे हैन् न खूब सौ रहै रहै ||

ना काम ना पढाई सब साधू हो रहै है ||

बाके भी बेवफा भी बिहारी भी हो लेकिन ||

गिरीधर्र तू जादूगर है, तेरा जादू हो रहै है ||

काल भी काला भी घन श्याय भी "का लूटा ?

दही चोर है लूटेरा तो भूत हो रहै है ||

# 271 धूमावती

वती = से पूर्ण || धूमा = धूको थ्योरी |

पहली बार है, तो ओर गुड, भविष्य मे कोई सूधारेगा ||

मे जब नापा तो ऊतना मिला था || या

मे जब पढ़| तो ओ पौधा था.

पालूशन बढ़ गे ओर पौधा को हाथी खालिया ||

तो मे क्या करूं ?

# 272 टीवी न्यूज

महादायी के दया से हम भी टीवी न्यूज ||

बमें तमें जउमें, पै, दूज के चंदा पूज ||

नहि तो ब्याकरण बुक, बस्ता मे लो साथ ||

साहेब बता आरसी क्या है, कंगना के हाथ ||

# 273 मोबाइल

ऐ दिल को छुपाओ, भैजा को दिखाओ ||

जायज है सब, नीव खोदो, ताज बनाओ ||

तंत्रमंत्रयंत्र पैसा साईन्स वॉ|क्त जोभी लगै लगाओ ||

ताक खिलाणी ऑपन दँ|व जोगी जोग जगाओ ||

वो खौजते है खुद को मोबाइल के अंदर घुस के ||

ये देखते है दूनिया के नब्जो को कि ताशीर बताओ ||

हरहि शिष्य धन सोक ना हरई |

वो गुरू घोरा, नरक मे परई | जरा सयझाओ?

हम से बेटर गुरू वो कोट्च है | हूँ मेक्स आईऐएस पीयसशीओ ||जदि ना जगाओ ||

इत्ता हरीश्चंडी माँ| सरवाईभ करपाऐगा दाओ ?

सून ये ई4जी के चैले केसे ऐक्स फ्लरट ||

लाईम पैस्ट पीपल ऐण्ड चैन्ज ऐ यार लाईन |

होप ईज तृषणा नौहोप ईज श्रीकृष्णा !!! हैकिना बताओ ! ओर जूनौ की जय पूनो की जय || सूनो चाहे मत सूनौ दूनौ की जय|||

पै, मामूली समस्या कि कान्हा है आलरेडी मेड पटय ||

# 274 पर्यावरण दिवस

किम्, महामानवो !!!

माहोल बनाओ एनवायरनमेंट दे है ||

कि महादान वो !!!

माखौल ऊड़|ओ ऐके परेल डे है ||

या तो ऐनटीना के पार है |

या दिल के पैदल यार है ||

वकत्जी भला आपके क्या ईरादे है?

हीयार ओप्पौ जीत्तो ? टेटेटेटे, ईफ हाई राईटे||

टर्राई डेनटी डौमीन टेटरेडे !!!

लिषन ॐ...नं शिवं :

"जो तपकरे कुमारि तोहारी || भावी मेट सके त्रिपुरारी ||

करे ऐक टेक ! देटीज करेक्टैड डे है ||

# 275 जे काली

ॐ... काली, 10"जे काली कलकत्तै वाली ॥

द्वारतुम्हारे जोभी आता जो भी मागै वो सब पाता ॥

भाज़ जगामें वाली ॥

ॐ क्लीम् सः सारदे 10 ॥ लरिका रहा जगाय ॥

सिताराम् बजाय ओर सितारा चमकाय ॥

भागो आई अंबे माई महामाया माते ॥

आप जगत के माते . हम भी माखूर कैं माते |

आआपौ माते हमौ माते तो मातेमाते जोराते ॥

बस गुड नाईट क्या बोलेतो हमे जगवाते ॥

ये वक्त वाली, महाकाली

ऐन्हैन्तौ खूनौ खंजर वाली पै दिल्ल माता का रखती है ॥

आदत ऐके खराब है कि ये परखती है ॥॥

बही गै सुन् दरिया भैड़|घाट मे ॥

नाल्ला चाल्ला ऊल्टा मेनपाट मे |

# 276 हिडिम्बा

गॉडदेऊता नौ फेराड देवता ||

बिले क बट फेयाराड डेयटा |||

फौरण हीरण केय्यौ टेम मेंऊता ||

नाऊ करेक्ट गाइड्डा तेरा जय आऊँका?

जे जगदम्बा जे घटौतकक्छा के अंबा हिडिम्बा ||

आदेश आदेश आदेश भागो जे गडे खंभा !!!

# 277 नचत श्याम

दे धामाधय नाल है, सके न ढोलकी सँभाल ||

दे छमाछम नाचै गोपाल, जरा धीरे बजा द्रूपदताल ||

*"कटि तटि बटी बंजा" पटी पटी डटी थंथा |||* ओर करताल |

नाजुक कमरिया लचके जो मारे ठुमका कमाल |लहराऐ

पीताम्बर तेरा देख जरा अपनी बंसी निकाल |||

नयना म्मिल्लाऐक्के जरा, तान्ना भी मिलाईके जरा"

बेना मिलइके जरा शैना भी मिलाई डाल ||

"आज सखी मधुबन मे, नचत श्याम देखो "देखोरे3 !!!

बंशी बहार बाजे घुन्घुरू सितार साजे ||

ताता थे या ताता थे या बंशी बट मे बंसी बजेया ||

जमुना तट मे गैया चरेया || तट कटि बटि बंजा ||

नचत श्याआम देखो, देखोरे3!!!

# 278 वर दान

दे वर दान देवाय वो दौऊता जो ना देवाय वो देवान ||

जो ले ले वो लाल्ला वीरू लाल शैर | जो न ले वो नल्ला पहवान||

जो लुटेरा खुशी का वो शैतान उनसे जहान परेसान ||

ओर करीया, जो ईश्क बर्षाय भरेभादौ के जेसा वो आना लोकप्रीय्या मौहन ||

टोल्डा पाईप पिलेयर | लिट्शन माई डीयार |

ह्वाट सिइ॰गा व्वी फालोवर बट बायौग्राफी नो कॅ|पीयार ||

आईदर वाईज अंदर |अंदर कर देगी | या अंदर कर लेगी |

य्यूनौ यः ? गो-बिन-दाय्-न-मो -न -- महा ! बाई ||

काम धाम कुछ है नही | केवल खीचौ टान्ग ||

अंदर लावा ज्वाला मुक्खी के, होठो पर मुस्कान ||

ऊससे आच्छाबेरी मूहँ फुला ले करे नमस्तै बंद ||

सीम्पल ऐण्ड जिद्दी घनश्याम को पसंद ||

# 279 तालाक

आन जस्टिस नान ईट्टीज अनजस्टिस ह्वाट्ट ?

तालाक तलाक तलाक ईफ डीभोर्श ॥

ह्वाई लभ लभ लभ बी ईलूशीलू नॉ|ट ॥

थ्री ईल्लूज ऊल्लूज शुलूज स्पीक ऐण्ड डू बेले ईन्टरकोर्स ॥

ईटीज रीड्ड ईन एन ईटेलीयन ल्लाक्यूल्ला यूनी,- भरसीटॉ|ट |

बट ईन लोयौला दीस फाल डजन्ट टॉ|पिक ईज ऐन आऊट
आईटम ऑफ स्कौप ॥

नौ ? कबूल मीन्स लभूल शच बी आलसौ होलीमेंश ईन पर्स ॥

ऐ देऊताऐन् ऐ पर्वते ऐ नदिया ऐ धरती के नजारे ये पत्थर ऐ
साँ|प,

ऐ पैड पौधै ओर पराऐ जो गुरू गुरूभ्राताऐ है |

सब मुझै पलको मे बिठा के तोहफा देते हैन् ॥

मगर अदद खुशी के लिऐ मेरे नजदीकियौ में तरसाऐ हैन् ॥

# 280 तन्त्र

फिजिक्स ऑफ ट्रिक ईज मेजिक !

बट तन्त्र ईज मेंचुरल गिफ्ट, मेटाफिजिक्स ||

वन इज ओपन टू शौ, अनौदर सीक्रैट ||

वी मस्ट मूभ टू द ड्रूथ ऐण्ड हूँमेनिटिक्स ||

# 281 ड्राइविंग

दौस्तो ड्राइविंग मे उज्वल रंग का कपड़| पहिनौ ||

काला बेगनी धूसर कफड़| मे बाईक मत चलाओ ||

यौर कलर मस्ठ नॉ|ट मेच बिथ रोड ओर साऊण्ड फ्री हैलमेट लगाओ ||

नाम ओस्ताज का ओर कामकाज का तो ? गाडी जरा धीरे भगाओ ||

# 282 उड़ान

सपनौ के उड़ान नही है सत नाम ||

सतनाम है हकीकत का विज्ञान ||

नवा नवा साहिब लोन्ग नौ पहिचान |

बीफौर दी ईभोलूशन द किन्ग हीरन ||

गोलडी बीकम कोलडी बूकंम सौलडी ||

आस्कड़ गरम फिफटी एक किलो तोलदी ||

टीके ठीके घनस्याम साहैब जी टौलटेक्स फ्री ||

ऐक गूरू के मायमें ब्रॅ. बप्पटिस्मा क्री ||

साहीब बंन्दगी साहीब सातगूरू जी !!!

सब सही बा नूरे कान्हा कण-कण बीराजी ||

हिप्पी फुर्रै हिप्पीफूर्रै || जय हो जय हो माई लूना कूर्रै ||

मेरे को मेल आया गूरूजी है फेवर मेरे..

जय बजरंग बली !!! लो खाओ कुरकुरे ||

# 283 हरी- हर

हरी हराय नमौ नमह ऐक दूजे के देव ॥

ऐक लभैरिया देव है दूजे ओघड़दानी देव ॥

नटवर ऐण्ड नटराज मेरे बेण्ड मे नाच देव ॥

जनतर नौ, ऐक मन्तर के देव ऐक तंन्त्रा के देव ॥

संगीत दोस्ती है डमरू मे बंशी है कंद के आनंन्द लेव ॥

जीन्दै जिन्दाबाद है ॥ भूते महाकृप्पाल ॥

ठाकूरदेव के राज है । पै सबले खूसी गोपाल ॥

कूछ पिसाच के जात है डाकिनी केर प्रेम ॥

सब संम्भू के समाज है, महाकाल के गैम ॥

शुदर्शन के शुदर्शन कृपा कर करे दरशन केशव के सुमेंन ॥

अदरम बदरम सौहा, लाग लपैटे छीटा कसीके बेन ॥

# 284 बंदगी

साहीब बंदगी किया ए मन हमारा !!!

तो कबीरी बिचारा बिचारा |

गूरूगृह तजे सब विद्या आईई ||

सबसे बड़का दक्षिणा श्रीकृष्णाजी से पाईई ||

गूरूमाता भारी खूसी || भूतजी जीन्दा हो जाई ||

# 285 जलन

इनकै बातौ सै जलनै की बू आ रही है ||

अपनी पूजा मै कालीमैया नीबू खा रही रही है ||

हंगर इन्डैक्स मे इन्डिया है आगे,

पढ़ सून के बोलती है कि अन्नूभौ बता रही है ||

यार दैवानागरी कै डाक्टर ..आप पागल वागल तौ नही हौ रहै हौ||

सर्विस सै खिसक रहै है कि खोपडी सै, कहौ ||

अपून चैला विग्यान कै लैकीन आप पढै हो :

जद्यपि जग दारून दुःख नाना | सबसे कठिन जात अवमाना ||

आप जैसै डा. से मौटीभैसन की आशा है,

अतः हिन्दी का सदूपयीग करिऐ ||

दूसरै कै फटै मे टान्ग मत अडाऔ ||

गरीब कै घर जरै मा हाथ मत सेकौ ||

बना नही सकतै हौ तौ चड्डा मत कूटो ||

बाहर है सूनैना कै तौ रोको मत जानै दो ||

कभी कभी कवी भी बहकतै है सभी ||

तौ चल कौई कुछ नही, बडै सै अपनै सै और बिदमान भी ||

दवा होगा दीया ऊनका जो होगी लगी कणवी ||

हीरन जशन मना मूम्बाधाम का और ईनाम का ||

लैकिन लैता रहना नाम सियाराम का ||

# 286 ब्रादर जेक शौमर्स

नही ? मेरे गूरू ब्रादर जेक शौमर्स

डीड नाट डाईड बट ओनली ऐयार ट्रान्सभर्ष ||

केन बी रेभैरेण्ड सेलीबरेशन मौर्टर्स ||

ऐण्ड थे न्क्यू आईड गान डाईड शूक्रचार्स ||

जे महाकाल जे तंन्त्र मन्त्र यंन्त्रर्स ||

मेड विथाऊट मेड केण्ट मेड मेडम चीयर्स ||

दौज पैरेण्ट्स लकी टू हैव हूँ परकुलर फार डिवीजन & मार्स ||

ऐशपैशयली भैयर नो हाईस्कूल भिलाकोलीयार्स ||

ऐण्ड क्वीन ब्रैन क्लाऊड रेन हंकी बी सनकी जूनौ शीजर्स डियर्स
ऐट मास फीयर्स || बलेकम लूकं कं

स्कल्स सापकीपर्स ओनफेबर्स ||

मेंयीतो पाके बीही म श्री सूकादेवा स्वाहा |||

आहा हरी ओमजप्पाहा कि नारायण जपाहा “”??””

# 287 पंगा

पंगा गलत लेलिऐ सिन्हराज ||

केसे करेगा वो है बिषधर नाग ||

खौपडी लगा के खिसक लो ||

जरा समझाकरो हमारी बात ||

# 288 सुनयना

सूचना 10/09/2022

सुनयना होगा मेरा सब देवानागरी |

नजरिया बदलेगा तो बदले सगरी ||

किसी का नाम होगा तो हमे पता नही ||

अपनी कविता का हिन्दी नाम होगा यही ||

किसी को आपत्ती तो सात दिन अंदर कमेण्ट मे लिखिऐ |

या वाटसेप 7987853325 पर करिऐ |

बरगद के नीचै जाम के उसको ओभर टाप करूगा ||

वो क्या मूझको माफ करेगा मे खूद ऊशका ईनसाफ करूगा |

तूम आपनी तोहफा को अपमें पॉ|केट मे रक्ख ||

मे अपनी हीकमत से अपना रास्ता साफ करूगा ||

झैल गऐ दर्द को मूसकूरा के हमने ||

लोगो न हमे बेदरदी समझ लिऐ ||

ऐबीसी बोले मरद को दर्द नही होता ||

ऐ बाते है भाई डाईलॉ|ग के लिऐ ||

# 289 श्री यादौसर

लेट ऐडमीशन श्री यादौसर ईन क्लास सिक्स ||
आल स्टूडेन्ट्स वन बाई वन स्टैण्ड स्पीक ऐण्ड सिट ||
"दिशीजि ऐहैन" 50 'आई नो प्राब्लम लिस्टन्ड केयर फूली ||
ऐट माई टर्न : दिशीजिएहेन'
सर::" मायने ?" । "जिऐगी तो अंडा देगी ||"

# 290 फेसबुक

फेसबुके पूस्तकंम् वाटसपै मेथ ||

ईन ह्वाट ऐण्डू हाऊ ऐलीऐन मेक ?

फाई कण्डी सन्स ओपन ईन वीरन मेन्ट |

ऐशैप्टीक ऐयर, हाई हीट हाई चील्ल ऐण्ड आईश टेम्प. ||

रेशीयौ फाईव ईलेमेण्टाह् प्लास वर प्राईमर एए ?

इदंकिम् अन्नूपताय च सन्जौकाह कृत्वा किमपात्रै ए ?

# 291 वीणापाणी भवन

छौटी अपनी लेब अठारह वीणापाणी भवन |

पंवन चले तो मूह फुले ऐ बिना पानी मकान ||

शुभंप्रभातं अवश्यं संभू यथा भवता ||

तदा तमापि शुभं रश्मि पस्यता ||

फलतः ऊच्चशौधै घनात्मोक*क्छा निवार्यता ||

अंदरं पलेमेंटोरीयं ईदं कृत्रिमतारा मंडलाकृता ||

# 292 तिरीया चरीत्र

तिरीया चरीत्रास्या महादेवदेवह् :

असमबोधियत तस्य अग्रजह् "कनु" उदंईदंसदं श्रीकृषिणह् ॥

कारणं यःकाला लुटं कालातीतं कलितो कला कलित्रः ॥

ते श्रीगिरीधरहहापि ऊज्जैणी महाकलाधीणं सरवे श्रीसौराहजार

राग्यी बनवासी विरूद्धै सक्ती मा प्रायौगनती तत्रह् ॥

यदाहं मनंमी पस्चै पठितं श्रीकान्हास्य महाप्रयाणह् ॥ यद्यपि

यथः कं कथः

आत्मप्रसंसा श्रीगणैश: गाथा तथापि सरवतरः ते सं∗ग्यः ॥

च अग्रजश्रीहलधरं ईदं अग्रजभव वरं फलतः कनिष्ठं वरिष्ठं च

शब्दौतपत्ती भवः

ॐओ बाबा के मुसकुर्रामें से ? ॐजियार होता है !!!

बॅ|बी के हँसमें से ? बरषात होता है ! ओर श्रीकान्हा के इश्क से

अंधकार होता है ।

# 293 दही चोर

तेरे याद में कन्हयिया, बर्बाद हो रहे हैं ।

ना खूब खा रहे हैन् न खूब सौ रहै रहै ॥

ना काम ना पढाई सब साधू हो रहै है ॥

बाके भी बेवफा भी बिहारी भी हो लेकिन ॥

गिरीधर्र तू जादूगर है, तेरा जादू हो रहै है ॥

काल भी काला भी घन श्याय भी "का लूटा ?

दही चोर है लूटेरा तो भूत हो रहै है ॥

# 294 सिम्बा

मम सिम्बा वाहकः बाबा काल भैरों नाथः |

पिबसि मद्यं टनाटनम् - छिप्रा सरिता तटः|

कथसि मंदहसितं :" किम्चिन्तितं भ्रमणसि वत्सः ?

आहमास्मि तस्य शुभंकर्ता प्रीयते सततः वयं अतः ||"

"ऐवमस्तु मं जगतपितं त्वं नमस्ते सदा ॐ महाकालाय नमः"||

भगतस्य प्रीते संदेहं भक्तिम् || परन्तू देवस्य प्रीते ध्रूवं भक्तः ||

ततः श्री संभू संभवसि शिद्धः ||

ग्रीष्म ऋतुवे पशुन्खगं जलसंकटं तृषितं विचरंति उड्डंतिस्च ||

खगार्थ जल पात्रं भरनीयं ।

यथा संभव अन्नकणं च विकीर्णम् कर्तब्यं ||

वर्में वयं किन्चितापि न कुरु सकंति ||

यथा वारिन्यूमें अधः मकरं, ऊपरि केहरि, हा !

मृगा-शावकाहा स्थिति भयावहः ||

सरवे विलोकति ॐश्रीम् ह्रीम् पसुम नागपतिम यः ||

# 295 ऊद्‌बीग्न मन

ऊद्‌बीग्न मन : जिन्न ही परमप्रिय खिन्न !!

नौनौ रशौ वे सह् आनंदं कंदं प्रियं भिन्न ||

माल पुआ स्वाहा देउता हो जाऐ जिन्न ||

पाली तीन मे हरी बरषाऐ. सौना हीरा रातो दिन्न ||

भ्यी, मंतर पढ़ना पंडितजी के काम .

उसे सोचना सझमना श्रीभगवानजी के काम ||

अक्सर होता तो यही है कभी सुनना मंतर ||

संस्कृत होता है पर न श्रोता न वक्ता किसी कोभी नही खबर |

हिरण की किरण ! रख ईस्मरण !

कि हँसती रहो, ओर कदा सदा प्रदा विवरण | |

# 296 सनातन

सनातनी है शुद्ध प्राकृति पूजा ||

गड़बड़ झाला किया है अवतारी देवता ||

चाहै साहिबजी सरकार चाहै श्रीकान्हा हो|

वरषात् का पूजा कान्हाजी किया मना ||

कान्हा का पूजा, साहिब मना करता ||

अब क्या करे किधर का रोड़ पकडे भगता |||

जब भी कोई हिन्दू पूजा |, तो ईनका अलगै देउता ||

यूनाइटेड ऐण्डरूल | यहाँ| डिवाडिड़ंग के ऊसूल ||

# 297 रामायण

सु. का. शैस होली हर्ट ओनली कूड गैट गॉड||

वी सीड्॰ग लाऊड बट, पियौर ऑनहोली थाट ॥

देन ईभन शूभ्म शीवंम् टेक्सानॉ।मी जेश्री राम भोलेनाट ॥

तो ? फिजिक्स चौरी गया तो बोटनी मे सर की उपाधि मिला ।

सर जे शी बोष ( 1923) प्रेसीडेन्सी कालेज कोलकाता ।

श्रीगणैश ऐवं ईतिश्री अतिसुन्दरी यदी दौनौ रहे अच्छी !!!

ामायण प्रदाती ईदौ द्वौ रिद्धि शिद्धि ॥

सीखना भी नही चाहती कारण कि मायाग्रसित ॥

ग्यानं दु:खदं किम सूखदं ?

कीम कथानक ईकछति ॥

अपरं परं शूभंलाभं कुरुवन्ती उमा-रमा-सरस्वती ॥

# 298 दर्द

ऐश वी डानका सीन्स सहूँर होता दान दक्षिणा का |

देखौतो, जूनियर लोग मजा प्रीन्सीपली का ||

रीसर्च कूडी आईदर हीरो ओर जीरो थाट ||

नौ नाट पर्जैण्ट ह्वाट बी हाई फालोड ||

झैल गऐ दर्द को मूसकूरा के हममें ||

लोगो नe हमे बेदरदी समझ लिऐ ||

ऐबीसी बोले मरद को दर्द नही होता ||

ऐ बाते है भाई डाईलॉ|ग के लिऐ ||

# 299 तोहफा

बरगद के नीचै जाम के उसको ओभर टाप करूगा ||

वो क्या मूझको माफ करेगा मे खूद ऊशका ईनसाफ करूगा |

तूम आपनी तोहफा को अपने पॉ|केट मे रक्ख ||

मे अपनी हीकमत से अपना रास्ता साफ करूगा ||

सूचना : सुनयना होगा मेरा सब देवानागरी |

नजरिया बदलेगा तो बदले सगरी ||

किसी का नाम होगा तो हमे पता नही ||

अपनी कविता का हिन्दी नाम होगा यही ||

कीसीक्कौ आपत्ती तो सात दिन अंदर कमेण्ट मे लिखिऐ |

या वाटसेप 7987853325 पर करिऐ |

साहीब बंदगी किया ए मन हमारा !!!

तो कबीरी बिचारा बिचारा |

गूरूगृह तजे सब विद्या आईई ||

सबसे बड़का दक्षिणा श्रीकृष्णाजी से पाईई ||

गूरूमाता भारी खूसी || भूतजी जीन्दा हो जाई ||

# 300 जेक शौमर्स

नही ? मेरे गूरू ब्रादर जेक शौमर्स

डीड नाट डाईड बट ओनली ऐयार ट्रान्सभर्ष ॥

केन बी रेभैरेण्ड सेलीबरेशन मौर्टर्स ॥

ऐण्ड थे न्क्यू आईड गान डाईड शूक्रचार्स ॥

जे महाकाल जे तंन्त्र मन्त्र यंन्त्रस ॥

मेड विथाऊट मेड केण्ट मेड मेडम चीयर्स ॥

दौज पैरेण्ट्स लकी टू हैव हूँ परकुलर फार डिवीजन & मार्स ॥

ऐशपैशयली भैयर नो हाईस्कूल भिलाकोलीयार्स ॥

ऐण्ड क्वीन ब्रैन क्लाऊड रेन हंकी बी सनकी जूनौ शीजर्स डियर्स
ऐट मास फीयर्स ॥

बलेकम लूकं कंस्कल्स सापकीपर्स ओनफेबर्स ॥

मेंयीतो पाके बीही म श्री सूकादेवा स्वाहा ॥॥

आहा हरी ओमजप्पाहा कि नारायण जपाहा ""?""

# 301 बंगाली माता

जे काली कलकत्तै वाली।

तेरा बचन ना जाऐ खाली॥

द्वार तूम्हारे जो भी आता॥

बिन मागै सब कूछ पा जाता॥

जे मेयाजी के गूण गाता।

भर के अपनी झौली जाता॥

ओर जो देखे गूरेर के। ओहि लेजा मूरेर के।

जे बंगाली माता॥

कालीकाली महा काली॥ खंग खप्पर वाली॥

सभी ईसाईलोग सही के तनतर वाली॥

# 302 ठाकूरदेव

जीन्दै जिन्दाबाद है || भूते महाकृप्पाल ||

ठाकूरदेव के राज है | पै सबले खूसी गोपाल ||

कूछ पिसाच के जात है डाकिनी केर प्रेम ||

सब संम्भू के समाज है, महाकाल के गैम ||

शुदर्शन के शुदर्शन कृपा कर करे दरशन केशव के सुमेंन ||

अदरम बदरम सौहा, लाग लपैटे छीटा कसीके बेन ||

खूदा कसम कोन सा अघौर मसानी महामंत्र मारू ||

की मेरी ऊड़ती परी को बादलो से जमी पर उतारू ||

ऐ जो दूसरी दूनिया की सुन्धरी बन के ईठला रही है ||

ऊसे महबूब बना कर सब कुछ न्यौछारू ||

# 303 हिप्पी फुर्रै

हिप्पी फुर्रै हिप्पीफूर्रै ||जय हो जय हो माई लूना कूर्रै ||

टीके ठीके घनस्याम साहैब जी टौलटेक्स फ्री ||

ऐक गूरू के मायमें ब्रॅ. बप्पटिस्मा क्री ||

साहीब बंन्दगी साहीब सातगूरू जी !!!

सब सही बा नूरे कान्हा कण-कण बीराजी ||

सपनौ के उड़ान नही है सत नाम ||

सतनाम है हकीकत का विज्ञान ||

नवा नवा साहिब लोन्ग नौपहिचान |

बीफौर दी ईभोलूशन द किन्ग हीरन ||

# 304 यौनीपूजा

मूझै होता है ताज्जुब || ईण्डीयन नौ बेशनौ ईसकान फेले खूब |

हँ| राक्छस भी सनातनी है || राछसौ के देवता महादेव है |

ओर ब्रहम राक्छसौ के देव ब्रहमाजी है | यह बाम मार्गी तंन्त्रा है|

लिन्गपूजा सर्वत्र शिवकी ओर यौनीपूजा आसाम मे कामाख्या देवी की होती है ||

ईसे दूसरे तथाकथित वेग्यानिको मूरखौ को पौर्न साईट लगता है||

जब ओशौ लिखा संभोग से समाधि तब ईन्है आनंन्द आया ||

अब पा गऐ यौनितंत्र का किताब ओर लेमें लगै चटकारे ||

हिन्दूशास्त्रौ मे सब है अच्छा से अच्छा ओर बूरा से बूरा ||

ऐ शिवोहं ऊमौहं की बात सबके समझ मे नही आऐगा ||

विधरमी लोग हिन्दू की कमजोर कडी को उजागर कर रहै है ||

ऊससे सत्य सनातन को फरक नही पडमें वाला है ||

खजुराहो की कलाकृती सम भवतं समकालीन संकेत पूजा शिवाला है ||

अब आप हिन्दू नहि हैन् तो क्यो हिन्दूकिताब पढ़ते हो ?

आप अपना धर्मगृन्थ श्रीरामायण की तरह पढिऐ ||

सनातनी किताबो की निन्दा करना अच्छा नही है ||

लिखना था प्रस्तावना लीख गै कंझट के बात ॥

मस्त रहो मस्ती मे आग लगै बस्ती मे, पूलीस तेनात ॥

आपके खौप.डी चलाय बिना दूनीया चलेगी ॥

ऐस बट, मुहाकाल निरंजन का काम होगा तो जरूर फलेगी ॥

# 305 दूधनाथ

पाल के राखौ गोपाल भूत प्रेत माया जाल ||

की जे महाकाली ओर जय महाकाल ||

जे जादू आसाम की जय तंन्त्रा बंगाल ||

हवा हनूमान जी है तो घनस्याम भी ||

हवा हवा मे फरंक है ऐनवीरॉन की ||

दूधनाथ के भूत को केसे बूलाया जाय भूतनाथ भोले भंडारी ||

तंत्र मे पाप (बलि) मजबूरी | तान्त्रीको को नरक क्यौ मिले जरूरी||

भूत परेतो से जबरदस्ती कराते है अपनी नौकरी ||

स्वैक्किछक प्रेम सेवा भगती है || तंत्र मे मंत्र से मारे का परी हो परी ||

# 306 सूदर्शन

सूदर्शन की सूदर्शन की सूदर्शन कीसूदर्शन की सूदर्शन ॥

जे दर्शन वो सुदर्शन वो नयन हो सुनयन ॥

गायत्री गूरु शर्मा के कथन : निर्मल मन बहमन मामें जिनका सुनयन ॥

बरगद के नीचै जाम के ओभर टाप करूगा ॥

बजरंग बली की जे | उस| सक्स को कभी नही माफ करूगा ॥

भजन बरगद केछाह मे बेठै जेय भोलेनाथ भोलेनाथ करूगा ॥

यार कान्हा आजाना जरा वक्त बरबाद करूगा ॥

# 307 मिलावट

सबसे जादा मिलावट ? सामाग्री जो पूजापाठ ||

घी मे एनीमल चरबी ओर कपूर मे अक्छत ||

तब केसे राधा नाचैन्गी जब सामग्री सत्यानास ||

मेया संतोषी करली संतोष आधूनिक गरगमसाला ओर ब्रत ||

क्या करती भजन चिन्तन तक मे है मिलावट ?

# 308 बिगाड़

आईमें मे देखा तो नकसा बिगाड़ दी ||

किस भूतनी की कृपा में ईतना बिगाड़ की ||

क्यौटर हिन्दी क्यौ नही आई उतना जुगाड़ की ||

मीली न भूतनी माला कहा गाड़ दी ?

परमीटेड खटाई सावर नीबू लिमौन ऐन्ड दही कर्ड |

नाट परमीटेड मेन्जीफ्रा टेमेरिण्ड आम ईमली ईन नार्थ ||

भैयार फेवर ईनवीरान -मेण्ट द रिसर्च ट्रिक ऐक्शन |

दे फार धीशीस मेक कान्फरेन्स |

कलेक्ट द जिग्रीज ऐण्ड मेक सुगरकेन ||

ॐश्रीकृष्णं बंदे जगत नमः गूरूवेन ||

ऐ ली आ नो लॅ| जी ऐस समझैन ||

ब्रैन की कापी टू स्कैप प्लैजिओरीजम सेम |

कामा ईनवेटेड ऐण्ड प्रापर साईटेशन रीफरेन्स ||

ओके?!!! दस, वो है गूरू जी की जै ||

# 309 ईश्क

ईश्क करमें को दील शैरनी का चाहिऐ ॥

पीछै दौडामें का काम तो भैरवी का कहिऐ ॥

हिरणी पहले के फ्रैण्ड से पहले लड़वाती है ॥

कोयल का गूप्तज्ञान कोई नही जान पाती है ॥

जन्तूओ का हाल एण्ड चूल्हाफूकन्तू का कमाल, कि सीमीलरटी है।

जनम के बाद पहले लड़की है । फिर बाद मे बुढिया लड़ती है ॥

ऐ पढै न लढै ऊपरे चढै ॥ है तो नही पर मूरख जान पड़ती है ॥

# 310 पशुपति नाथ

ॐॅजटा कटा कै देऊता, हरहॅहर भोलेनाथ ॥

आप अगर हैन्हैपी2, नही चाहिऐ कोई साथ ॥

ॐॅ बं बं बं विश्वनाथ ॥

कि बाबा अलख, खौल कै पलक, देखौ ऐक झलक ॥

जे हो पशुपति नाथ ॥ ॐॅ हरहॅहर भोलेनाट ॥

कि बाबा दील लगामें का औजार होता है कया?

नही? प्रेम जगामें का मशीन होता है क्या ॥

भूत परकट करमें का टेकनीक है क्या ?

जे हो भोले बाआबा ॥जे शिव शंकर संभृ ॥

लरिकन को मिले स्कूल साधू को मिले तंबू ॥

ॐॅ नमः शिवाय करो रमेन्संत जहँ खेले बछैरू ।

छोटी को मिले छोटू, लम्बी को मिले लंबू ॥

मित्रौ को मिले खूशिया बेरी को मिले बंबू ॥

नर्तकी को सूनयना दो गरीब को धन से भरा संदूक ॥ सरवे सुखी भवं भवंतू ॥

बनदेवी बनदेव उदारा, टाप सैन्टैन्स इन ईपिक रामायण ॥

डबल, पितू बनदेव मातू बन देवी ॥

ईभर हैपी ईफ शिलभम प्रौटेकशन ॥

रोटे ऐन्टीमेन्टम बट फूलाफ प्राबलम |

कानध कठिन भयकर भारी || नो,

यू नौ अन्नुअदर ओनली फार प्रेयार मेडम ||

# 311 गूढ़ता

ईफ काम्प्लैक्सीटी नोगुड फार नौलेज्ज ||

साईन्स ऑफ गाड ऐण्ड मेंचर - ईन्नैट ||

दिस 'छलछिद्रा'' बट जनरली सीन ईन डूपलीकैट |

सूपरीयारिटी ईन सौयल एण्ड ईनफीरियारिटी इन बायालोजीमेथ, दश डबल देट ||

भाईस भरषा ईन्द्रानी गोडेश आर यू होलीडे फार रेनी डैज !!!

रट्टा मारो बीस श्लोक |बीच बीच मे देओ ठोक ||

भाषण मे बड़का ग्यानी ||अनूभव कै देहाती बानी ||कोऊ ग्यामें ना मानी ||

पहिले कान फूकाईऐ तबही मिलेगा ज्ञान ||

ऐसे लोग को कीजीऐ दूरी सै ही प्रणाम ||

साहेब कहैन् गूरू करो जान कै पानी पियौ छान के |

रोटी खाओ ईमान के | सब कालनिरंजन के ||

यहँ| ऐक साधूजी ऐकान्त मे दीखाऐ भगवान ||

मत पडिऐ ऐसै बातो मे कैवल है शुद्ध भ्रम ||

जब ऊरै सूरज चान्द नही दिखते जो प्रगट दरशन ||

# 312 ब्रदर सोमर्स

मेरे गूरू कै ब्रोडमाईन्डमेंश कूड नाट हैव ऐनी ॥

हू लभ्ड टू नर्स मी स्टूडैन्ट फ्राम आऊट आफ आल हीज बेबी ॥

परहैप्स रेस्पेक्टेड डच लभ्ड फार ईन्गलिस ॥

ओर गाड डिड सेन्ट एन एन्जिल हिम ॥

हवाइल फर्स्ट स्पैल हीयर कामनली ॥

बडै बडै गियानी बिग्यानी ओर सामान्य शिष्य बृन्द ॥

न सनातन समझे न हिन्दू ॥

हमारे वाहन गुरू जपै गंगू गणपते गंगू ॥

हम कहै भैयाजी मंन्त्र गं गणपतीएनमः

है तो गुरूजी बोले गंगे मेया हैन् गंगू जल चढ़ा रहा हू ॥

जी भैया जी ॥॥ आपौ दीपौ भव ॥ ओ हँ| ॥

शिन्धू नदी पारी भारतीय हिन्दू जेसै सरजूपारी पंडितजी ॥

सनातनी मामें संसार भर कै नदी पहाड़ बनजंगल सूरज चान्द

प्राकृत देव देवो की पूजा ओर सम्मान ॥

सनातनी प्रृथ्वी को नमन कर ऊठता है ॥

सूरज छठ गायत्री सावित्री साम्भवी है ॥

पवनपूतर बजरंगी कै सिया राम जे राम जेजेराम नाऊ सूपर
ईशक्कान ॥

हून् उनका सिन्गल भजन विथ स्टाप एण्ड रन,

मिड पोयम टू लाइन कि भजन हमे गाना है ॥

समझिऐ कि समयानूसार अर्थ बदल गऐ |

राच मानस :मे है कि समय सुहावन गारी सुहावा । भोजन करहि बिलम्ब सुख पावा ॥

सनातनी हू तो पूरातन कहा ॥

बाकी सब रक्छक देव और अतिथि देव जेसै हमारे ब्रदर साधू गुरुदेव ॥

# 313 अमीन

साहेब बंदगी फार आल कबीरी मातेश ।

सभ चौरासी लाख की माता वो महाअमीन ॥

नौफालो? महाभारत बाचे सुका रामायन काहै कागा ॥

 कैवल लिऐ मनूष्या के साहेब झीन समझेब ॥

ऐस देयर्स ए लॉ|ट आफ गूड वर्क्स ॥

ऐण्ड स्यौर रीसर्च एटमोसफियर्स ॥

गूड टू बी प्रोमोट ऐण्ड बाकाब न्यूकामर्स ॥

आल आर प्रेजिन्ग इन डिफरेण्ट वे टू यूनीवर्स ॥

देवि पूजि पदकमल तुम्हारे ॥सुर नरमुनि सब होहि सुखारे ॥

सब सखे जो भी समझै, देटीज मंदिर जेसे भी चाहे ॥

शुभ ओर अशुभ सबे जल बहही ॥ सूरसरी कोअपूनीत कहही ?

रेस्ट क्यूवेस्चन फार ? आई ऐम पार ऑफ ऑनर डीश आनर ?

आमंत्रीत छात्रा हू ॥ मूम्बाधाम आनर फार ॥

डीभाईन मॉ|म्ज ग्रैश ॥ ऐण्ड ग्रैठ अकटूबर ॥

# 314 देवी

भीभी कालेजिएट बोल दी बीबी ओल्डैज बोल दी ॥

सी देवीज एस शी बोल दी, बाकी गुरू बोलदी ॥

अब बची मेरी सुनयना बिचारी पूरा दिल खोलदी ॥

पढ़लो जो भी मन भावे ऐक छटाक मागा ऐक किलो तोल दी ॥

""उद्भव स्थिति संहार कारिणीम् क्लैश हारिणीम् ।

सर्वैश्रेयस्करीम् सीताम्न्नतोअहं रामवल्लाभाम् ॥ (राचमा 1/0/5)""

कहैन्काबीरा सून्नौ साधू मे तो हू बिस्वास मे ॥

ॐ नमौ अस्तु अनंन्तासहस्त्रामूर्तिए सहस्त्रपादा

सहस्त्राक्छू शिरो बाहुवे सहस्त्र नामनो जगदंबिका ॥

प्राचीन ग्रीक लेटीनौ बहूदेवीनाम् पूजिता ॥

गाडेशस् शैरेश फ्लोरा अथे ना म्यूज मीनारवा ॥

# 315 सगुन

थेन्क्सीइ॰लीश टू मेक अन्नू प्लस अदर = अनौदर ॥

फील हैपी बॉ|ट !!! ईन दिश नाईन नाईट्स प्रेज |

वी आर सॉ|री टू ओपन डैईटी सीक्रैट तंत्रा फार वास्ट प्रेयर |

जो ब्रह्माण्डै सो कायापीण्डै ॥

सौ ईभर ईनर्जी यूनीवर्स कूड काईण्ड ऐस्क्यूज देड्टीज फारगाट
फाल्ट प्लीज ॥

गॉ|डाफगैमौज सीट्टान सिम्बा ऐण्ड सौआन ईन ऐचटूओ
श्रीमांनरमदा ॥

भयंकरी माता तंत्र विद्या, श्री वेरोचनी जगदंम्बिका ॥

बंदितं सततं शिवानी देवी झारखंण्डे रजरप्पा विराजिता ॥

रामा.:"सीताराम केर परिछाही ! जगमगाहि मणिखंम्भन माही !!"

कुछ का दर्शन करे सै, जीवन सफल हो जाय ॥

कुछ लोग का मुह देख ले, पूरा दिवश नसाय ॥

कास्मीक वेभ्स ईज डीप फिजिक्स, किरपा या ईर्षाय ॥

ओरो हाऊ हैज फर वेसै फल हो जाय ॥

जेसे बिल्ली काटी रास्ता, सावधानी देय बताय ॥

ना मानौ तो आप जानौ, बील्ली को दौष नाय ॥

भयंकरी माता तंत्र विद्या, श्री वेरोचनी जगदंम्बिका ॥

बंदितं सततं शिवानी देवी झारखंण्डे विराजिता ॥

जथामति तथागती | वोह, गुड़ है बहाना ||

ऐ हिन्दी विदमहै जाने जाना || गुड़ क्या खाऐगी ? डैयरी मिल्क है सुनयाना ||

ऐ भरम है ईनसा को कि श्रीगीता का आत्मा कैवल मनुष्य है | ओर कैवल मनुष्य ही भजन करते है ||

सभी जीव जगत उशका अंश है ओर सभी प्राणी ओर वनस्पतिया अपने अपने भाव-भाषाओ में भजन करते है ||

"सब मम प्रिय सब मम उपजाऐ ||

सबसे अधिक मनुज मौहिभाऐ ||(रामायन)"

श्रीभागवत पुराण जी मे महाराजा भरत हिरण बन गऐ थे ||

अंतिम समय मे जो सोचता है वही अगले जनम होता है ||

लेकिन जो सौचने की आदत पडी है कैवल वही सौचैगा ||

जो जीवो को सोचेगा वही जीव का जनम लेगा |

ईसीलिऐ| पालतू जीव अगले जनम मनुष्य बनते है ||

जीव पालक वही जीव बनते है || चेला- पोषक मनुष्य फिर से मनुष्य बनते है ||

बी*ल्ली देखा तो भूक्का |मेरा शिम्बा को कोई नही मारेगा ||

ऐ जरा रूक्का मेरा दोस्त वो ही पक्का ||||

श्वान निद्रा कै इयूट्टी के लीऐ उसै टॅ|फी जो देगा ||

फालो हंका?, ह्वाट ट्वाईम शेष ! ऐकयू रेट नाईदर फास्ट नॉ|र लेट |

ओके बट | नौवा फ्रैण्ड वी भीषण ब्रैण्ड || ऐन्ड बेड टू कैमेस्ट्री फारगाटेड ||

# 317 कामना

ॐ कामरूप कामाख्या वीदमहै || ऊमानन्द प्रीयाय धीमाहि ||

तन्नौ कामाख्या ऊमानंन्द प्रचोदयात च रक्छाकूर्यात ||

सौ बार होगै होगा भगवान . है कि नही लगो अनुमान ||

बोले बाबा बजरंगी, मोहि कपट छल छिद्र न भवा भजॉ|न ||

भजमें किन्चित्त जनः महासजनः चातिदेव पुरुषः

परन्तू किन्चित्त मनः ॐगाने गिरा गाणू ||

च किन्चित जनः कं क्रामं|कैकं बिगाणू ||

श्रीहनुमंतः रं रामायणंम् मम गाणू ततः सम्हाणू ||

किन्चित जनः महामहार्मित्रं खं सखं बं बड़का बाणू ||

परणामस्.च जे शिया राम...!!!: श्रृणौउ जग ददंन्ति गुरूदक्षिणा दद्दामेहं शिष्यदक्छिडं कुरूति आयकरं गणनं चाति टंकणं इत्यादि ||

चापि ममगुरूहः गृहित कदापिना इतिह् ||:

बंगाली की भॉ|लो श्रीमद् देवी भागवत ||

कदा यदा जदा जासती भॉ|लो लागत ||

खोरीदबो आमिको तूमी बोलावत ||

ओमँ| लीक्खै आछीई की ऐक्ठो सूरथ रॉ|जॉ| रोहब्बेन भॉ|लोशोरो कोरे श्रीगणैशो

गो-नोनो-नायको || फिलॉसॅफी ऑफ डॉक्टर नीड एन ऐपलीकैशन ऑफ

टेकन नॉलेज रेदर देन वास्टमेंश ऑफ नॉलेज ||

ममें? रीशर्च मे ज्ञान की विशालता नही बल्कि

ज्ञान की उपयोगिता आवश्यक है ||

# 318 आदिवासीदिन

फूट डारो राज्ज कारो || मेंता लोगा गोल मारो ||

क्यूऊँ भोले हम ठीक बोले ? साहिब सौचा कि जात जोनी मे डारो|

कागा काकभुसूण्डी तोता श्री शूकदेव ||

गीध जटाऊजी गो माता ओर श्री नागदेव ||

"कीऐ कूबेश साधू सनमानू |'जिमि जग जामवंत हनूमानू ||'''|

बजरंगीजी, ऐक है काम कि जेसियाराम |

बाकी जप तपकूछू नहोत् ऐहिकाला || हे श्री बाला ! कैसै मिलेगा डाला ||

जंन्ता अजंनता हलोरा अधरो दरषंन्ता दन्ता ||

प्रहसंन्ता हँसंता प्रस्नंन्ता किम् जोऊँग् ऊर्जा, दूरभाषाय कृते विद्युत, वटस्य पत्ता ||

कृपि: विचारंन्ता किम खद्यौतस्य आलोकै जगंन्ता

त्वंम जगंम् जूगूनूप्कासै बिलोकन्ता संता ||

यदी मेंनौ विद्यूतमापी यंत्रा उपलब्धी (अरबंम् भागंम् मंत्रा ) ||

दरसति विद्युत मात्रा त्रीअंड्॰का ||

ईदं अश्वत्थस्य ऐकसवासतंम् मेंनौऐमपियरा प्रियंका ||

: क्वान्टिटी ऐण्ड शौ सापकीपर ब्रैन | कुआन्टीटी ओभर क्वालिटी नान ||

पूपील जस्ट ईश्कालरसिप नॉ|ट |बट हू फारवाई प्रेज ओरआक्ट ||.
रेस्ट ! दीज ओनली द प्रेज टाईम वेस्ट ||

# 319 तासीर

जो संस्कृत मे कहते हो वो हिन्दी मे कह नही सकते |

जो हिन्दी मे कह सकते हो वो अंग्रैजी मे नही कह सकते ||

जो अंग्रैजी मे कह सकते हैन् जेसै विज्ञान या रोमाटीशीजम

वो संस्कृत हिन्दी मे नही कह सकते |सिवाय ऊर्दू कै,

अर्थात् हरेक भाषाओ का तासीर अलग होता है ||

गणित भाषा मे संकैत आवश्यक है (4∗5=20)

यथा संस्कृतशिय् नमः अंग्रैजी मे शुभ समय है गु.मौ. गु.नू.

गू.ई. कहते है ||

यू नौ ! हाय हैलो सैकहैन्ड . देयार् नौ चरण कमलोभ्यौ नमो ||

ट्रू अवर फ्रैन्च प्रौफेसर प्रणाम कैन्सील बोनजोरे ||

# 320 प्राकृति

ऐ देऊताऐन् ऐ पर्वते ऐ नदिया ऐ धरती कै नजारे ये पत्थर ऐ साँ|प,

ऐ पैड पौधै ओर पराऐ जो गुरू गुरूभ्राताऐ है |

सब मुझै पलको मे बिठा के तोहफा देते हैन् ||

मगर अदद खुशी कै लिऐ मेरे नजदीकियौ ने तरसाऐ हैन् ||

किम्, महामानवो !!! माहोल बनाओ ईन्वीरोनमेन्ट दे है ||

कि महादान वो !!! माखौल ऊड़|ओ ऐकै परेल डै है ||

या तो ऐनटीना के पार है | या दिल कै पैदल यार है ||

वकत्जी भला आपकै क्या ईरादे है? हीयार ओप्पौ जीत्तो ? टेटेटेटे, ईफ हाई राईटे||

टर्राई डैनटी डौमीन टेटरेडै !!! लिषन ॐ...नं शिवं :

"जो तपकरे कुमारि तोहारी || भावी मेट सकै त्रिपुरारी ||

करे ऐक टेक ! देटीज करेक्टैड डै ||

: पभावंकृत्या ऐंकपक्छीय लाभं भवति शौषणं |

च, कृपा कृत्या तदेव इदं पौषणं | द्वौपंछौ लाभो भवतो सहकारितं ||

हंमपेस्मि छात्रं यद्यपि || ये ना ग्येय जेववीद्यूतिकी !

जानन्ति नेव खगोलजेविकी नाचा जीवकणं गणितीय |

तेषाम् जीवविग्यानंम् : जेवतेलं, मत्सं च मसरूमं समापनोती ।

किम्यते हंसारूढम् उड्डयनं कि शारदं सप्तम् ।

मे पठाती जीवकणं कलिततं च जलंतप्तं

सूक्छं वृहदं ऐलियनम् सं सभावनं ॥ नाचा : ऐण्डनाँ|ट् यदापि नृत्यंम् ॥

ॐऊमा दारूजोशित की नाई ॥ सबहि नचावे राम गोसाई ॥

(कठपुतलीनाम मनुवे नृत्यंति ईशं|गुली )

एकमात्रं एकदाहमपि शिष्यस्य प्रीती ॥

ऐकान्त शुभं किन्तुना संगे गर्दभमीती ॥

उत्तरे, समयंम्नियोजनं इदं मत्रं गायत्री ददाती ॥

दक्छि.डे** संस्कृतं शुभे, इदं मम मते ।

सा किम् बोधती ? श्रेष्ठं अदानं ऊपरि अश्रद्धाथवा बिलंबत्ति ।

# 321 विचार

भैयर बरेन माई डीयर वेश्यटरन मेन"

हैल्लीऐन्थ'स ऐनस नौ ऐच ओरेम |

ऐण्ड ऐजारडीरेकटा नॉट ऐजारडीपैकटा ही रेन ||

ऐण्ड ओपैन नौपैन वीनस ईज इयू परेज लभ रेन ||

दीदी सौच रही है दादा मत आऐ ||

पै छोटकी सोचे . कामर्स आ जाय |

आप्पून बायौ ओ के || फॉर शौले शनॉय |

महादायी कै दया सै हम भी टीवी न्यूज ||

बने तने जउने, पै, दूज के चंदा पूज ||

नहि तो ब्याकरण बुक, बस्ता मे लो साथ ||

साहेब बता आरसी क्या है, कंगना के हाथ ||

ॐहूम् ||| देव्वानी3....!!! ॐभवानी 108!!!

तवा कृपया पश्य-पश्य मेघाच्छादनं यथा श्रीगूरूकृपा ||

त्रीयाश्याश्रीमुखे बशशिश्रीश्यामहःहः पद्मनेत्रौ श्रीलंलछम्मी बसिशी
सदा ||

ॐलंलं तं कृपा प्रसादं षौड़सौलाइ॰कारं प्रदा ||

लं16!!! ॐलंलक्ष्मी मम मातं बंदन 108!!!

जयंती जयंती नौदूरगा दशविद्या सर वत्रं सर्वदा ||

# 322 छुट्टी

ह ह हः मौज मे तो दौ ही होते है राजा ओर साधू ॥

बीच वाले तो दो ओर दो चार मे जिन्दगी बरबादू ॥

काहै छुट्टी कराते ? मेरा केला पौधा मुरझाते !!

सब को मजा आ रहा है भैकैसान सै ॥

अपना ओठताता, ताता पानी ठंडवाते ।

शुभंप्रभातं अवश्यं संभू यथा भवता ॥

तदा तमापि शुभं रश्मि पस्यता ॥

फलतः ऊच्चशौधै घनातमोक∗क्छे निवार्यता ॥

अंदरं पलेमेंटोरीयं ईदं कृत्रिमतारा मंडलाकृता ॥

खुदा सै मिलाना काम है ईमॉ|मा ।

दरजा अगर दर दरगा नसी हो ॥

ईलमौ हूनर तो ओसताजे जिम्मा ।

परदा अगर सर पर परदा नसी हो ।

लाजिमी है बहकना बेखौफ होकै,

दिल मे अगर हँसी दिलरुबा बसी हो ॥

# 323 विद्या

अद्यः दिवसः चतुर्मूखा : नव सत्रै विषयाशाखा ||

ये वे कालं अनुसरणंन्तं यदातिनिवार्या च श्रीप्रदा |

विद्यार्महानर्नीतिग्या संति नुक्तिन्ति शान्ति |

ऑड्ले होमौलोजी नतो शिद्धा | किम् खेदं आवशियकं मनुष्यता शिक्छा ||

साहिब भवंतेसंती पठ् साईये विद्या || नाआक्कि फरसुबुदधा, कान्हाकबीरा च नानाभैदा ||

तथापि अतिमौत्तम बहुमुखी प्रतिभा कर्तंम् सर्वै स्वतंत्रं छात्राहिहता समाहिता सदा ||

माता ब्रह्माणी बोधंती च सर्वदा सः जयदा || ॐक्लीम्सः ||

: हीज्जै हिज्जे देखा संस्कृत को बाखूदा |||

बंदगी का तर्जूम्मा है, मे खाकसार बंदा ||

ना महा कि मे हू ही जो कूछ है, साहंसाह ओर शहजादा |

वो ओसताज है आज के मादरे सातवी"^ चंदा !!!

तेरा हरूफ्फ है जहँ| ओर तू जबर सबसै ज्यादा ||

माबदौलत, मूकाम ऐ मेहर है कायनात के अकल वाली खूदा ||

भारी दरबार रोज रोज सजते अकीदते की जगह !!!

ऐक से ऐक पूरब बालो को तानसैन बनाने वाली ऐ रब | है मा काली वक्त वाली ||

लेकिन पढ़ने का खुश मिजाज ||

ओ सरगम का है ए मादरे सारे जहँ| ||

हे माता !नमेनमहा ऐ खाकसार बंदा ||

"कलेक्टा दा जीग्रीज् ऐण्ड मेक शूघर कैन ?"'

तो ?हीन्ट ऐन्सर कै हो प्रौजेक्ट क्वशचैन |

: हँसितंजीवनं दीर्घम् च चिन्ता चिता समीपयति ब्यर्थ ||

ईदः अग्रजास्य दु:खस्य कारणाह् तदार्थ ||

अतः भक्तः बिन्दासः च शुद्ध शुभं सुखं भवार्थ ||

कैसै करेगी हिरणिया || ओफिशर मिलो गूनीया ||

पूजा पाठ सब सॉ|रटेज || बट यू कॉ|न्ट लेट ||

ऐ गोल मॉ|ल है दूनिया ||त? अब छौड़| बजाना हरमूनिया ||

श्री गुरूचरण लेबे मॉ करिया करिया ||नही ता भारि लफड़| म परिहा ||

काहै तूहू बड़ा खरीखरीहा त? कइसै पार ऊतरिहा ||

# 324 ठाकूर बाबा

ठाकूर बाबा देव बसै सैमरिहा || सूमिरिहा न कभी नही गिरिहा |||

नौ दीन चलो जो अढ़ाई कोस || बंबू डाले मत देना दोष |

तो काम फटाफट करिहा ||

: सौई हितवा मम सौई उपकारी | जो कोई पूस्तक पढै. हमारी ||

सान्सत कर संस्कृत मेहनत के किताब ||

खरीदे कंजूस भी ओर ना कर हीसाब ||

छू मंतर काली कामरू कामाख्या गोहाटी वाली ||

लोग कहते है ऐ बात कि देवी लूना मेरी जात ||

कमाल करे ओस्ताजईस्माईल गूरू गोरखनाथ ||

फटेबदरिया किरपा कै भारी श्री लक्ष्मी बरसात ||

: ॐ भवानीशंकरायनमः

कैलास गंगै नंदी त्रिसूल डमरू जे शैषनाग |

रिद्धिशिद्धिसःश्रीगणेश जे कारतिक कुमार ||

जय काल कपाल महाकाल || जय काली कपाली महाकाली ||

जे प्रेत पिशाच भैरव भूत बेताल | जे प्रेतनी पिशाचिनी भैरवी
भूतनी बेताली ||

नमः ॐमा पारबती पति भोलेनाथ कै परिवार ||

जे मसानी समसानी लोना देवी मंन्ता चौसड्ठी |

क्लीम् ॐहूम्फट स्वाहा वारेगनीखंवायुर्मिद्वी ||

जेहत्थाजोडी कृष्णाहल्दी तेलमसानी खौपडी ||

जेबीरकलूवा नौनाथदूधनाथ समाईलमर्घद्वी ||

जे तंत्राणी मंत्राणी जंन्त्राणि विद्यादातार ||

कारन पारन तारन मौहन ऊचाटन मारन कर्तार ||

ॐमहाकालमः जे ऊजेनी ||हँ हँ जे भोले नाथ !!!!

# 325 कार्य

: शक्कर शक्कर कै जपै, मूहँ मीट्ठा ना होय |

बिना करे करम कै, ग्यानी कोई ना होय ||

"परम सुतंन्त्र न सरपर कोई | वोही करो भाव मन जोई || (रा.)"

भैयर बरेन माईइ्डीयर वेश्यटरन मेन"

हैल्लीऐन्थ'स ऐनस नौ ऐच ओरेम |

ऐण्ड ऐजारडीरेकटा नाँ|ट ऐजारडीपैकटा ही रेन ||

ऐण्ड ओपैन नौपैन वीनस ईज इयू परेज लभ रेन ||

: कृष्णा कृपा सै बच गऐ, गाड्डी चकना चूर ||

झैल कै बचा दी, ओर खडी रनयी बेकुण्ठपुर ||

: दौ मंदिरो का कीर्तन, मिला है निमंत्रण ||

जा रीया हू भजन बजामें जे घनशियाम ||

वृक्छौ माँ भगवान बसै आशि अन्नूभो मौहि होय |

कूल्हाडी का बात किया, गऐ गाड्डी संग दौय ||

नौ फरोम् दीज्जीट्टा सैकैण्डुम,

मेंभर ईडन गार्डन, प्लीज बी पारडन मौय ||

ऐण्ड अगैन फिरेण्ड शिप, लिपह्वीप ऐस ओर नौय ||

# 326 विडियो

: सर लोग जो आईऐऐश पढ़|ते है'!

वो नही दिखाते जो श्यामपट बताते ||

थक गऐ तो हल्का मिजाज थो.डा बहूत गप्पछँ|टे |

विडियो कैवल वली दिखाते|

कूड कामर्स ट्रिक मेंईतो फेसैबूक सै पास हो जाते ||

: आई आई थिन्क डौन्ट ..|

रीपलाईड ऐट सच फौण्ट ||

फौर रीड | बट ऐस !सौ सॉ|ई मी सौण्ट ||

पैनीज क्वाईनज बी ईभर क्लीयार ||

शौदेट सीट सालिड गाइस नियर !!!

लिखना था प्रस्तावना लीख गै कंझट कै बात ||

मस्त रहो मस्ती मे आग लगै बस्ती मे, पूलीस तेनात ||

आपकै खौप.डी चलाय बिना दूनीया चलेगी ||

ऐस बट, महाकाल निरंजन का काम होगा तो जरूर फलेगी ||

: आईमें मे देखा तो नकसा बिगाड़ दी ||

किस भूतनी की कृपा में ईतना बिगाड़ की ||

क्यौटर हिन्दी क्यौ नही आई उतना जुगाड़ की ||

मीली न भूतनी माला कहा गाड़ दी ?

# 327 दोहे

काम धाम कुछ है नही | कैवल खीचौ टान्ग ||

अंदर लावा ज्वाला मुक्खी के, होठो पर मुस्कान ||

ऊससै आच्छाबेरी मूहँ फुला ले करे नमस्तै बंद ||

सीम्पल ऐण्ड जिद्दी घनश्याम को पसंद ||

: नीन्दक नीयरे राखिऐ || उल्टा है ||

राखौ प्रशंसक साथ || समझ लीजिऐ स्टैरिङ॰ग हो

स्यामश्रीजी के या सल्यामॉ|मा के हाथ ||

: सबसै ऊचा सिमरन | सबसै सुन्दर मौहन |

सवसे कठिन काल निरंजन || सबसे सरल काली मॉ|म ||

शूध्दता मे सारदा ओर अशुद्धता मे काली मसान ||

छौकरी है कालरी की || नौकरी है पाली हिरन ||

हैजाति की बीशनौयी ऐ महामाता बंगालन ||

जे काली कलकत्तै वाली खाली ना जाय मेरा बचन ||

ईतनी भोली ओर महान | कि बिना मॉ|गै देती है बरदान ||

अद्यः दिवसः चतुर्मूखा : नव सत्रै विषयाशाखा ||

ये वे कालं अनुसरणंन्तं यदातिनिवार्या च श्रीप्रदा |

विद्यार्महार्नीतिग्या संति नुक्तिन्ति शान्ति |

ऑङ्ले होमौलोजी नतो शिद्धा | किम् खेदं आवशियकं मनुष्यता शिक्छा ॥

साहिब भवंतेसंती पठ साईये विद्या ॥

नाआक्कि फरसुबुदधा, कान्हाकबीरा च नानाभैदा ॥

तथापि अतिमौत्तम बहुमुखी प्रतिभा कर्तम् सर्वैं स्वतंत्रं छात्राहिहता समाहिता सदा ॥

माता ब्रह्माणी बोधंती च सर्वदा सः जयदा ॥

# 328 वर्षा

यः श्रावणः श्रावितःवर्षः हहं वयंम् बेलिकम् शुस्वागतः ॥

बरसंति सटपं सप्तं मेघाहाकासः नृत्यकीनाम् परोपरः ।

ईदं श्रीईन्द्राणीदेवी नमतः हः मं यः मनः ॥

यदिम् मंद हँसितं, यथा तीब्रः तडि.तः ॥

किम् भविष्यः तवाट्टाहासः ॐ क्लीम्सः ?

सूती मम त्रूटी शौधीममाशुध्दी पाह्सकृपः !!!

ओवदंती सरगम सरगम वादनंती ढौलमहरमुनियम ।

रागैसुरसम्माराग्यी देवीसहनाज्जयंति रिमझिम रिम्झिम ।

देःझमझम बदबदबदबद धावति बाल्लाह् तीब्रतम ॥

यः तः बालब्रृन्दं भीनजन्ति पूरणं सवसनम परफुल्लितम ।

(तथापि श्यानाय मा शुभम)

नायिका नाम च्चलंचितरे रोमंटिकाह् दृश्यंअंकणं ।

ते प्रीते वर्षा तथा भींग्गे सहर्षा यथा लभंम् वृतंम ।

च चच्चा ईदं सत्या चरंति जगंम वर्षाकृपा सहिरदं ।

# 329 छीटा कसी

जीन्दै जिन्दाबाद है || भूते महाकृप्पाल ||

ठाकूरदेव कै राज है | पै सबले खूसी गोपाल ||

कूछ पिसाच के जात है डाकिनी कैर प्रेम ||

सब संम्भू कै समाज है, महाकाल कै गैम ||

शुदर्शन के शुदर्शन कृपा कर करे दरशन कैशव कै सुमेंन ||

अदरम बदरम सौहा, लाग लपैटे छीटा कसीकै बेन ||

गोलडी बीकम कोलडी बूकंम सौलडी ||

आस्कइ ग्राम फिफ्टी एक किलो तोलदी ||

टीकै ठीकै घनस्याम साहैब जी टौलटेक्स फ्री ||

ऐक गूरू कै मायमें ब्रॅ. बप्पटिस्मा करी ||

साहीब बंन्दगी साहीब सातगूरू जी !!!

सब सही बा नूरे कान्हा कण-कण बीराजी ||

# 330 बहाना

वोह, गुड है बहाना || ऐ हिन्दी विदमहै जामें जाना ||

गुड़ क्या खाऐगी ? डैयर मिल्क है सुनयाना ||

हरी यारी माया बसै संत समा गम होय ||

शुद्ध संस्कृत कठिन हो तब सरल रसौ वे सः सौय ||

ॐह्न् ! त्रं त्रं त्रं ॐ भाष्करं तवा बंदित्वा मा संदेह ||

किमपि श्रीकान्हा कृष्णपिण्डः त्वंम तथापि सूर्यः वरदेह ||

वस्तुतः भ्रमितः तंद्वीसमयं किम्हँसितं चंद्रं पूर्णत्वं |

या मत कर्तकी चंन्द्र- हासि -नीम् खं गं तं |

शैषं भुजंगं भामाजूढंमथवा समयस्य शेषं मधुम् सास्वतः
अनन्तं||

लेखंविधात्री भाग्यं सुधारती नौरात्रीम्मातानंन्तंम् ||

यथा तथा द्वौ कथाओ भो शुभो सर्वथा प्रसान्तं ||

# 331 ज्योतावाली

शैलसुता ब्रंह्मचारिणी चंद्रासैनी कुष्माणा स्कंदमात ||

कात्यायनी महाकाली महागोरी शिद्धीदाता है नौमात||

आदिशक्ति के आसरा जगराता ओर जस गीत ||

कन्याभोजन, जोति, जवारे, पूजा हवन भंन्डारा रीत ||

कुऑंर माह के शुक्ल परीवा, जगदंबा के उपवास |

कुछ लोग पूरे करे नौ रात्रा, कठीन तपस्या ब्रात ||

शैर समेत ज्योतावाली बेठी, दिन कैसै के होय ||

पीली पीली हूऐ जवारे, जागै जागै सोय ||

भूखू तो लग रीया है | n नीनदू नही आ रीया है ||

मातामही कै है ताना साही || dewta mna रीया है ||

# 332 लोकप्रियता

पाप्पू लारीटी कै लीऐ | कूछ भी तो बोल दे है रहै ||

ब्रहमा मंदीर पूष्कर मे है तो कैसै पंडिजी बिदेश सै आऐ?

पैसा के पीछै मिलावट ओर विभाजन पप्पूलरटी के पीछे ||

क्या चाहत को कम नही कर सकते ?

लेन्स कानवेक्स कलेक्ट लाईट्स सन्नाटेमेंट ||

ज्ञान का सदूपयौगा करते ||

ए रामानन्दा दा का आर्यपूत्रा नही सूमें थे ?

जिसै जो भी बनाता है महाकाल बनाता है ओघड़दानी दाता है ||

महादेव का ऐक नाम वेद्यनाथ है |

वेद्यो को वाणी मे शिष्टता चाहिऐ ||

शाईको थीरापी ईज हाई ईन होलीक्रॅ|स

दवा के साथ दूवा को समझिऐ ||

दि रोर ऑफ हैपी क्लैपीन्ग ऑफ ऑडीऐन्स हीज पावर ऐबीसी
सरसे ||

# 333 पितृमोक्ष

मस्त राम मस्ती मे आग लगै बस्ती मे ॥

लम्बोदर इन्तैजार करो मत बिको सस्ती मे ॥

सुकराना कर दे कान्हा ऊनहै भी मेरी तरफ सै ॥

जो चुपकै सै छैद करते है मेरी कस्ती मे ॥

जय विधात्री जय परमपिता जे गूरू जी ॥

ओर काली काली महामाती कंकाली ॥

भूतकाल की भूतनी प्रेमकाल के प्रेतनी ॥॥

सौना -फेकन गोन्दिया - कान्हई मंगल-मंगली ॥

भूतेश्वरी लक्ष्मी राम माईकी के नायकी ॥

सहर्ष सुखिनो प्रसन्ना च वरदा सरवे भंवन्ती॥

राईट लेफ्ट ओनली वन डैट इज ॥

ईन व्यू ऑफ होलीहैपी आईज ॥

टोटाल टीचर्स मेटरनल - पैटरनाल इशप्रिट्स

ईनक्लूडिन्ड डच सर शोमर्स ऐण्ड डाक्टर ऐलूजा स्पैनिस ॥

खौसर गर्रा घनशियाम ऑन डार्कैस्ट सैपटेम्बर ॥ प्रेयर्स फार
शैलीब्रैशन

अवर ग्रैट गाड ईज गाड ऑफ आल ईम्पस ऐण्ड गाड आफ टाईम॥

यू रीड ओनली दिस् बायौलाजी ।बट दी लभ नाट ईट ।

टूरी ईफ ऐट नोट भैजी टेरी ॥ परशौनल थाट ओ हिरन मेरी ॥

डॉ. हिरन दास महार  ✳  371

# 334 छिप्रा नदी

छिप्रा नदी मामें लघुसरिता बिष्णूसुता ||

महाकाल सैविता च मॉ| नरमदे पौषिता ||

साघोर पूजा अकरोमि कुम्है एकदा ||

महातिमहा सघनं जनसंख्या सुतीर्थ तदा ||

चैहरा है फूलो सा कैराटे ब्लैक बेल्टैड है ||

टीआई है सहर का ओर एक की मम्मी भी है ||

रूतबा कि बडका गुण्डा गाडी देख के डरता है ||

ऐक से ऐक बीरो सै मुलाकात, चुनाव ऐक डियूठी है ||

# 335 बगिया

रूका माते || हिया रामबाई ब्रैण्ड बाती ओर गोपाल छाप घी |

लाला ब्रैण्ड कान्हा तो राधा न नाची ||

मेंभर स्वीट ड्रीम पैरोडोक्स डी दीज बी

मास्ट अल्ट्राहोली सेन्ट बाई सेन्ट प्यूरिटी ||

डोन्ट ही रन डज फार क्वान्टीटी बट स्यूर काईण्डली विजिट फार क्वालिटी ||

अडलटरेशन डोन्ट फार मनी प्लीज नौ चरबी ऐट प्रेज होली ||

ऐक तो ऐ गरम मसाले वाले आमचूर डारे सब जे राम जी ||

अब दिया बती भी गुड नही तो हवाट लक्जरी ||

कैम सरगूजा लगैजेड हवाट "? ऐण्ड हवाट सैवीन्ग डियरी ||

नो कामर्स बट यूज बेटर्ली |

ऐण्ड फार लास्ट, कचरे कचरा बगिया मे भरे उजार ओर भकरेन्दा ||

नीचट मे लजिया राखे देवीफूल ओर गैन्दा ||

ऐलेकजेण्ड्रा कूड ट्रक नाट सौ थाट फार हवाट |

डू ओरडर फटाफट !!! ऐण्ड रीड पलीजेबल बाई द ब्लैकी गाड ||

नौ ! हवैन मेथ्स वर्ल्ड ऐसैप्ट्स लाईफ पार्टिकुल ||

प्राब्लम ईन बायलोजी वोर्ल्ड हवाट ? रेस्ट गूड नाईट|||

# 336 विश्वास

बिल्लीभिऐबल ईज बिल्ली लभैबल ॥

देन ओनली कैन स्वीट ड्रीम ॥

आइदर वाईज ड्रीम क्राईस्ट ओर गोपाल ।

देन ओनली कैन होली मून स्कीम ॥

जे श्री कृष्णा सुनयना सुदर्शन ॥

पापूलर ऐण्ड वेरिऐबल एण्ड सिम्बा भैरोंऐबल ॥

यू नौ पैट ईटशैल्फ फ्रैन्च ब्रीड ह्वाट वाटर -

जिद्दीओ को समझाना गियान गँ|ठी कै जाय ॥

मार कूल्हाडी पथरा मे, सैते का धार नसाय ॥

ऐक कान सै अन्दर ओर दूजे सै पार ॥

भैस कै आगै वीणा बाजे शास्त्रीय धुन मल्हार ॥

बरषा बरषा रात भर भीजे सब बन राय ॥

घड़| ना डूबे पानी सै पंछी के पियास न जाय ॥

पतला पैड़ पन्छी नही दूध देय जस गाय ॥

तीन मेंत्र शंकर नही पेड़ कै नाम बताय ॥

चूहै भी नही मारे है आज तलक जो ॥

खुद को सिन्ह कह कह कर कहकहै लगाते है ॥

मे भी आप जेसा स्टूडैन्ट ही हू हम सही वताते है ॥

कैमेस्ट्री हम जादा जानते है चैले ॥

वो याद कर रहै है ओर हम भूलते जाते है ॥

आफ कोर्स फूल पत्ती जानते है हम भी डाकटर ।

पै केमेस्ट्री सिल्लीकान की ईस्कान सी लूभाती है ॥

# 337 मौसम

कक्का जाय दे साऐन् सँ|य ||

मौसन का मौसम है तो क्याकिया जाय ||

पूरब जनम का असर रहता है ईनसान पर |

कहते है चौरासी लाख के चक्कर मे |

गो कै बाद अगर ईनसा भोला भाला अति सज्जन |||

पौस्ट कैनाईन क्वार्रेल ओनली नान स्वान सूनयन ||

बट्टु माई सिम्बा लकी टूबी लभली ब्यूटी क्यूकी कैनन |

सब पढ़ते है नौकरी पैसा कमामें को ||

अपून पढ़ते है पैसा खरचा करमें को ||

देखते है कोई ओके वेब साईट बनाने को ||

बाकी कोई तेयार नही सूनयना मिलामें को ||

क्या करेगा हिरन गूलफसानी कर कै ?

क्या पाएगा तू तोहीन जवानी कर कै ?

क्यू डरा रही हो हमे दौजख की आग सै ||

हम आग को पी जाते है पानी कर कै ||

यो यो भाई यौ कुछ जियादा होई गयौ ||

बच्चालोग पढ़ो सावधानी कर कै ||

क्या नसा जो नास करे जेसे तास जो फेल करे वो चैस ||

जो मुस्काए वो घनस्याम जो पास करे वो गूरू ग्रैस ||

# 338 कविता संग्रह

ऐलियन सुनयना हिन्दी कविता संग्रह पधार रही है ॥

पढ़ने की किरपा हो भोलेनाथ की जे ॥

साहजहान् भी सौचते होगै देखकै आज कै रानियो को ।

मुमताज बेगम जेसी कोई भी हसीन नही ॥

ना कमसिन ही कोई ऊतना ओर भोलीपन भी नही ॥

अगर सुनयना है तो न्यूटन का नियम है कि कूनेना भी कोई कही होगी ॥

चलना ओकै है विषपानी भोलेनाथ को सब है सही ॥

भाव कुभाव अलख आलस हू सुनयना पढैन्सब कै घर बसहू ॥

# 339 ऐलियन

ऐडीऐयार अगर सब पार तो हिरन भी पार पाच डाकटर्स ||

ऐण्ड द चैलेन्ज निश्फीकर || हीरन ह्वाट डन ऐनी अदर नान ||

ईफ ऐनी फाऊण्ड कॅ|पी म्यूजीजइयूज ऐनी वन लीव ट्रू राईट डा.हिरन ||

ऐण्ड यूज श्री आलदौ ईटीज सीडस्पैल ऑफ फेस्टीव दीवाली || डौनर डीपीटी ||

टोटो परचैज फील्ड वी परचेज निम्बस क्लाउड एआर वे टीकीट |

बीयर लेमबर्ट ला ईज मेड बाई ट्रू साईनटिस्ट्स |

बट वी मेक ईन मेथ्स टेन ला ऑफ टाईम,

ईट्स बाई मौडल्स एण्ड पार्टीकाल ऑफ लाईफ ||

ऐट ओके नाट "?"

टील ईफ ऐनी लाईफ सीलीकान कण्टैनिन्ग बेक्टैरिया वर्म कैन सीनथीसिस ||

सो हाऊ शैल वर्क गो ||

थीड्॰कोफ सौ हाई कि ऐलियन उतर आई हैलो?

ॐ श्री मौहिनी देवी विद्महे, श्री मौहन प्रियाय धीमहि, तन्नो मौहिनी प्रचौदयात् ||

लोग समझते है गूरूजी का दिल होता ही नही ||या वो ईश्क कै नालायक रिस्ता है ||

 पर भक्तीनो के लिऐ आज भी भगवान गुरूजी ||

# 340 सुन्दरी

ह ह ह हँसीनौ की मलिका परियोकी रानी ||

स्याम सुन्दरी है पर ईश्क की है निसानी ||

सुदर्शन का वादा कल युग मे भी थी निभानी ||

पौयट्री हक्की बक्की सूनयना कविता है कहानी ||

आईमें मे देखा तो नकसा बिगाड़ दी ||

किस भूतनी की कृपा में ईतना बिगाड़ की ||

क्यौटर हिन्दी क्यौ नही आई उतना जुगाड़ की ||

मीली न भूतनी माला कहा गाड़ दी ?

भैयार फेवर ईनवीरान - मेण्ट द रिसर्च ट्रिक ऐक्शन |

दे फार थीशीस मेक कान्फरेन्स |, कलेक्ट द जिग्रीज ऐण्ड मेक सुगरकैन ||

ॐश्रीकृष्णं बंदे जगत नमः गूरूवेन ||

ऐ ली आ नो लॅ| जी ऐस समझैन ||

ब्रेन की कापी टू स्कैप प्लैजिओरीजम सैम |

कामा ईनवेटेड ऐण्ड प्रापर साईटेशन रीफरेन्स ||

ओकै?!!! दस, वो है गूरू जी की जे ||

# 341 बद मिजाज

अच्छा बैवकूफ बनातै है लौग ||

जरूर कहना उस भगत कौ ||

दूसरै मिलै :" एस ई सी एल मै सिक्यूरिटी दैखता हूं" ||

गुड आईडिया ऑफ वाचमैन भरत कौ |

ईमानदारी ही सब कूछ है चाहै जो भी करत हौ ||

ईसी कौ भाग्य कहतै है आप चाहै सहमत हौ चाहै असहमत हो ||

अधीकारी साहैब बनना हौ तौ डीग्री लैना पडैगा |

साधू साहैब यनना हो तो डिग्री नही लैना पडैगा ||

दौनो नही करना है तो ईटा ढोना पडैगा ||

कूछ पानै कै लिऐ कूछ खौना पडैगा ||

ए हिन्दी हिन्दी चिल्लातै है ईसलिए नही कि हिन्दी प्रेमी है,

बल्कि इशलिए कि ऐ सात साल अंग्रैजी पढै,

लेकिन एक सिपल टेन्स तक मालुम नही है|

बद मिजाज साहैब गूरूजी बैवफा गौपाल ||

पधारै श्री शैषनाग तौ जैमहाकाल ||

ईनकै चैलौ का भी शैमहाल निरंजन वालै काल ||

तौ नैया बचैया कौन निहाल जौन बौलै सश्रीअकाल ||

वौहै गुरूजीयकी जै कुल मिलाकै एठआल ||

# 342 कमला

वयंयूयं सर्वाह् भजंन्ती संति श्रीम् कमला लछमीम् ॥

अतः शुभंकामना ग्यापित्वाहं प्रणमामि अष्ट दसः लछमीम् ॥

दसंषट सहस्त्रं सताष्ठं स्वरूपै रमंती राधाहा ईदानीम श्रीम् शक्तीम् ॥

यदी कृपा मैघा भंगुरं भवति राग्यै ईलैक्ट्रानी सुछमदर्सीम् ॥

ऐ त्यौहार मना रहे है ।

कि लखचौरासी को सता के पाप कमा रहै है ॥

पंन्छी बिचारै कै नीन्द खराब मैरा सिमबा डराऐ है ॥

कैमीस्ट्री अमोनिया नाई टरैट कै,

प्रैक टीकली फिजा गन्दा कराऐ है ॥

सौचतै है दैवी खूस होगी,

जबकि पैसा को लगाके आग उसे गूसुवाऐ है ॥

साप चकरी सूरसूरीया अना'रदान कूडी बी डैकौर प्रैयर ॥

बट नारडू ऐट्टीफोर डिस्टर्ब ॥

सभ चौरासी लाख की माता वौ महाअमीन मातैस ॥

नौफालौ? महाभारत बाचे सुका रामायन काहै कागा

कैवल लिए मनूष्या के साहेब झीन समझेब ॥

# 343 शुभ तिथि

सर्वाधिक शुभम् तिथि ऐवं दिनाँ|क ||

ईस्वर की बडी कृपा है लाला कृपा से प्रकाशन ||

गुरु जीकी है बंदना || उनकी किरपा से हौ आकाशवासी ऐलियन जनम ||

साधू वादः सूभः सिवः महामहिमः रामायणः

वः वर्णितः बंन्दनीयःयः ||

बिलंबितं मं विनयं इदं ऐकं सत्यनामंम चा सत्यनारायणं ||

संभू संभवःश्री नरेन्द्रः सनदरभः च समाजम नमम ||

ह ह हः मौज मै तौ दौ ही होतै है राजा और साधू ||

बीच वालै तो दो और दो चार मै जिन्दगी बरबादू ||

कान्हा कै संगीत शक्ती अपार हौ गै बैकार महार है खाट्टू !!

आप लगाऔ पार !!! ऐ दूनियावाले करै बारःबाटू !!!

ऐक फ्रान्सवालै सर डाटै बड़जोर ||

बोलै नौसबमीसिव साल्यूट नाट बट सैकैण्ड बौन्जौर || गूड टाईम और ||,

रचि महैश मन मानस राखा || अवसर पाई ऊमा संग भाखा ||

# 344 कैमारा भैली

भयंकरी माता तंत्र विद्या, श्री वैरोचनी जगदंम्बिका ||

बंदितं सततं शिवानी दैवी झारखंण्डे विराजिता ||

कमाल कालाजादू माता छीन्नामस्ता छैत्रा कैमारा भैली राची
-जमशैदपूर रोड ..

समयपद्धती ही एकदो वर्ष आगै ..ब्रेन वालौ को लौड ||

वक्त कोण है तारा दर्सक ग्रह || अब ऐ करदी विग्रह ||

जैसै कृष्णापिण्ड प्रकाश को सोख लैता है ||

वैसै ही शिवशक्ती समय के संकैतक वैभ्स को उछाल देता है ||

समय मापक इलैक्ट्रॉनिक मशीन को डिस्टरब कर रहा है ||

अथवा वस्तुतः समय को ? यह शोध का विषय है ||

अतः कई विधियो से जैसै कलाई घडी, दीवालघडी

सै भी देखने से स्पष्ट होगा कि वस्तुतः समय आगैहोता है

कि संकेतक का तरंग माध्यम मात्र ||बातैन् अलगयअलग है ||

जैसै थरमोमीटर खराब हुआ कि सरीरिक ताप बढा ! डीशबैलैन्स
ह्वाई बडा |

# 345 गुफा

कान्हा ऊन्है भी दैते, रहतै हेन्जौ गुफामे ॥

हेजियादा हसीन लगतै, जहँ|कै जरा खफा मै ॥

है उन्हीकी सब अदावत, चाहै दैय्याआ नादैऐ,

उन्है सब है प्यार करतै, रहतै हेन्वौ वफामे ॥

ॐजटा कटा कै दैऊता, हर्हहर भौलैनाथ ॥

आप अगर हैन्हैपी2, नही चाहिऐ कौई साथ ॥

# 346 छलछिद्रा

ईफ काम्प्लैक्सीटी नोगुड फार नौलैज्ज ||

साईन्स ऑफ गाड ऐण्ड नैचर - ईन्नैट ||

दिस 'छलछिद्रा' बट जनरली सीन ईन डूपलीकैट |

सूपरीयारिटी ईन सौयल एण्ड ईनफीरियारिटी इन बायालोजीमैथ,
दश डबल दैट ||

भाईस भरषा ईन्द्रानी गोडेश आर यू होलीडे फार रैनी डैज !!!

रट्टा मारो बीस श्लोक | बीच बीच मै दैओ ठोक ||

भाषण मै बड़का ग्यानी || अनूभव कै देहाती बानी || कोऊ ग्यानै
ना मानी ||

पहिलै कान फूकाईऐ तबही मिलैगा ग्यान ||

ऐसे लोग को कीजीऐ दूरी सै ही प्रणाम ||

साहेब कहैन् गूरू करौ जान कै पानी पियौ छान के |

रोटी खाओ ईमान के | सब कालनिरंजन के ||

यहँ| ऐक साधूजी ऐकान्त मै दीखाऐ भगवान ||

मत पडिऐ ऐसै बातौ मै कैवल है शुद्ध भ्रम ||

जब ऊसै सूरज चान्द नही दिखतै जो प्रगट दरशन ||

# 347 एन्जिल

मैरै गूरू कै ब्रोडमाईन्डनैश कूड नाट हैव ऐनी ||

हू लभ्ड टू नर्स मी स्टूडैन्ट फ्राम आऊट आफ आल हीज बेबी ||

परहैप्स रैस्पेक्टेड डच लभ्ड फार ईन्गलिस ||

ओर गाड डिड सेन्ट एन एन्जिल हिम ||

हवाइल फर्स्ट स्पैल हीयर कामनली ||

बडै बडै गियानी बिग्यानी और सामान्य शिष्य बृन्द ||

न सनातन समझे न हिन्दू || हमारै वाहन गुरू जपै गंगू गणपतै गंगू ||

हम कहै भैयाजी मंन्त्र गं गणपतीएनमः है ।

तौ गुरूजी बौलै गंगे मैया हैन् गंगू जल चढ़ा रहा हू ||

जी भैया जी ||| आपौ दीपौ भव || ओ हँ ||

शिन्धू नदी पारी भारतीय हिन्दू जैसै सरजूपारी पंडिज्जी ||

सनातनी मानै संसार भर कै नदी पहाड़ बनजंगल सूरज चान्द प्राकृत दैव देवौ की पूजा और सम्मान ||

सनातनी पृथ्वी को नमन कर ऊठता है || सूरज छठ गायत्री सावित्री साम्भवी है ||

पवनपूतर बजरंगी कै सिया राम जै राम जैजैराम नाऊ सूपर ईशक्कान ||

हून् उनका सिन्गल भजन विथ स्टाप एण्ड रन मिड पोयम टू लाइन कि भजन हमे गाना है ||

समझिऐ कि समयानूसार अरथ बदल गऐ |

राच मानस :मे है कि समय सुहावन गारी सुहावा भोजन करहि बिलम्ब सुख पावा ||

सनातनी हू तौ पूरातन कहा ||

बाकी सब रक्च्छक दैव और अतिथि दैव जैसै हमारै ब्रदर साधू गुरुदैव ||

ऐस दैयर्स ए लॉ|ट आफ गूड वर्क्स ||

ऐण्ड स्यौर रीसर्च एटमोसफियर्स ||

गूड टू बी प्रोमोट ऐण्ड बाकाब न्यूकामर्स ||

आल आर प्रैजिन्ग इन डिफरैण्ट वै टू यूनीवर्स ||

# 348 दर्शन

कुछ का दर्शन करै सै, जीवन सफल हो जाय ॥

कुछ लोग का मुह देख लै, पूरा दिवश नसाय ॥

कास्मीक वैभ्स ईज डीप फिजिक्स, किरपा या ईर्षाय ॥

औरौ हाऊ हैज फर वैसै फल हो जाय ॥

जैसे बिल्ली काटी रास्ता, सावधानी देय बताय ॥

ना मानौ तो आप जानौ, बील्ली को दौष नाय ॥

बील्ली दैखा तौ भूक्का |मैरा शिम्बा को कौई नही मारैगा ॥

ऐ जरा रूक्का मैरा दोस्त वो ही पक्का ||||

श्वान निद्रा कै इयूट्टी कै लीऐ उसै टॉ|फी जो दैगा ॥ फालो हंका?

ह्वाट ट्वाईम शेष ! ऐकयू रेट नाईदर फास्ट नॉ|र लैट |

ओके बट | नौवा फ्रैण्ड वीभीषण ब्रैण्ड ॥ ऐण्ड बैड टू कैमैस्ट्री
फारगाटेड ॥

# 349 उपसंहार

इतिश्री हुऐ अंततः कविताऐ ईश्वर को धन्यवाद ॥

कृपया खाली समय मे पढेंगे परीक्षा के बाद ॥

हमसे आप कीजिऐ वादा, पढिऐ कम समझिऐ ज्यादा ।

ओर पढिऐ निरपेक्ष भाव से, लीजे आनंन्द रस स्वाद ॥

स्वागत है सदा सुझाव का, जय पाठक संसार ॥

गलतियौ को मुझै बताऐ जिससे होय आगै सुधार ।

पूर्णमदः पूर्णमिदं पूर्णात् पूर्ण मुदच्यतं ॥

अंततः सब को जय हिन्द बंदे भारत मातृम ॥

www.ingramcontent.com/pod-product-compliance
Lightning Source LLC
Chambersburg PA
CBHW021141160726
47994CB00001B/36